存在とは何か
〈私〉という神秘

小林康夫
Kobayashi Yasuo

PHP

はしがき

「存在とは何か」――この本はこの問いに答えようとして書かれたものです。

このような問いをふだん、われわれは問うことはしません。われわれの世界は存在しており、そこにはさまざまな存在物があり、そして「わたし」もまたそのひとつとして存在している。誰にでも自明なこと。ですから、「存在」はすべての大前提です。

それについて「何か」と問うなんて！

そして、その問いに、正面から答えようとするなんて！

おかしいですね、ほとんど無謀ではないでしょうか。

でも、それこそが、――ある意味では――「哲学」と呼ばれる人間の思考の営みの中核にある（あった）ものかもしれません。どんな哲学者も、このような直接的な仕方で意識化したかどうかは別にして、それを問うていた……のかもしれません。

実際、本書の前半で少し詳しく論述するように、これが問いとして「哲学」の前線に浮かびあがってきたのには歴史的な背景があります。人間にとって、どんな問いも歴史のなかから浮かびあがってくる。同じ問いがなんども降ってくる、突き刺さってくる。そしてそのとき、それを受けて、ひとは、自分なりの答えを求めてあがき、彷徨《さまよ》う。それが「哲学」の意味ではないでしょうか。

というわけで、「存在とは何か」という問いが降ってきたのを受けて、わたしも、——みずからの無力は棚にあげて——答えてみようとしました。他の著名な哲学者の仕事を解説するのではなく、わたし自身がダイレクトにその問いに答えてみよう、としたのです。でも、そうなると、なにか新しいことを冒険しなければなりません。少なくとも、わたしが知らない領域へと足を踏み入れるのでなければ、答えたことになりません。だから、本書では——無謀の極みですが——この問いを量子力学的な波動論、あるいは数学の複素数論と結びつける方向へチャレンジしようとしました。

そうすることで、わたしがこれまで行なってきた——「あとがき」で少し展望していますが——それぞれの特異な個人の「存在の冒険」に問いかけるという、わたしのこれまでの仕事の中核に秘められていた問いに、正面から、向かいあってみようとした。そうして、「わたし自身の〈存在〉の冒険」の杭にして道標となるものを立てようとした。

いや、より正確には、立てるのではなく、深い溝に、まるで「丸木橋」のように、ひとつの「橋」を渡してみようとしたのです。

目次

第2章 実存の彼方を目指して

第3章 ファンタジック存在論

第4章　四元的世界観へ

終章　コーダ、〈幹〉ではなく

序　章

知を通して世界を愛す

「わかる」方向へ

「存在とは何か」――どこからか問いが降ってきます。みなさんにかわって、答えなさい。「存在とは何か、答えなさい。みなさんのために、答えなさい。それが、フィロゾファー（哲学者）のただひとつの役割なのだから……」。

いや、わたしは必ずしも自分自身を哲学者だと思っているわけではない。しかし、philosophyという西欧由来の言葉は、「学」などではなくて、（わたしの勝手な解釈ですが）「知」sophiaを通して「愛する」philo-こと、そしてそうであれば、わたしも一人のフィロゾファーとして「知を通して世界を愛する」ことを実践したいとずっと言い続けているのだから、まさにＰＨＰという符合を通して降ってきた、この究極の問いに――人生の残り時間も少なくなってきたことだ！――思いきって答えようとしなければならないのではないか。そう覚悟を決めて、まずは始めてみよう。

これが、ここでのわたしの態度ということになります。

いや、答えがわかっているわけではない。むしろ逆に、「存在とは何か」という問いへの自分なりの答えが、いまだに、（ほとんど）わからないからこそ、その「わからなさ」を引き受けて、それとともに少しでも「わかる」方向へと歩いてみようということ。

歩いてみる。一歩一歩、歩いてみる。でも、そうなったら、わたし自身の言葉で歩くのでなければ意味ありません。じつは、「存在とは何か」は哲学と呼ばれている言語活動を貫くもっとも基本的な軸なので、それについて書かれたものは無数にあって、存在論というジャンルもしっかり確立されている。となると、「存在とは何か」という問いに応えようとすると、まずは、そうした先行する、とても強力なテクストに向かい合わなければならなくなる。

しかし、どのテクストも独特にして複雑な、固有の論理構成、一言でいって特異なスタイル（文体）を備えているので、途端に、こちらの言葉が解説風になってしまうことが避けられません。が、それでは、過去の哲学者の「存在とは何か」への解説であっても、わたしの「存在とは何か」ではない、ということになってしまいます。

わたしは、わたしの「存在とは何か」を歩いてみたい。もちろん、わたしの「存在とは何か」も――そのことはすぐに明らかになりますが――これまでの哲学の大きな流れのなかにある。

わたしは、けっして先人たちの思考の流れと無関係に、ここで「存在とは何か」を問おうとしているのではなく、あくまでも20世紀までの存在論的思考の流れの末端にあって、それを問おうとしているのです。

だが、その先人たちの思考は、わたしが学んだ限りにおいて――わたしが誤解していることもたくさんあるでしょうが――すでにわたしのなかにある。と、こう書いて、わたしは密かに呟きます、「そう、これは、すでに『存在とは何か』へのひとつの答えだよなあ」と。「だって、わたしとまったく関係のない過去の人の思考がすでにわたしの思考として、いま、わたしの『存在』を形成しているんだもの。『存在とは何か』への応答はすでにここに尽きているのかもしれないぞ」と。少し先走って言い換えれば、「存在」は――少なくともわれわれ人間にとっては――歴史と深い関係があるということ。

しかし、すぐに言わなければならないのは、この歴史とは、ただ過去の出来事の集積なのではなく、わたしがその先端に存在している、未来に向かってのダイナミックな流れとしての歴史だということ。そうであれば、わたしは、前を向かなければならない。流れていく時間として、ただ過去を振り返るのではなく、前へと流れていかなければならない。

自分の言葉で歩く

すなわち、わたしは、ここで、過去の有名な哲学者の仕事の解説はしないだろうということです。

過去の哲学者のテクストを引用して、それを説明するという、通常、学者が行なう作業はしない。むしろ、それを自分に禁じて封印する。もちろん、過去から続く歴史を無視するという意味ではありません。

それどころか、まさにその歴史をわたし自身がどのように受けとめているかを、まずは語ってみたい。

そして、その限りで、いくつかの固有名詞に触れることは避け難いでしょう。いろいろな言葉や概念や考え方を借りてくるでしょう。それでも、思考の流れそのものは、わたし自身の言葉で語ってみたい、そして、わずかに一歩だけだとしても、先へと流れていきたいと思うのです。

だから、決定的に重要なことですが、「存在とは何か」についての一般的な正解が、どこかに、ということは、わたしとは無関係にあって、それをわたしができる限り客観的に説明します、ということではない。「存在とは何か」という問いは、それを誰が引き受けるかによって、変わってくる。

そして、それだからこそ、「存在とは何か」について、あたかも普遍的な、一般的な正解があるかのように振る舞うと、それはすでに外れている（かもしれない）。

でも、逆に、「存在とは何か」について、わたしが個人の資格で、考えることを勝手に言えばいいわけではない。

たとえば、——いま、たまたま思いついただけだけど（先ほどのphilosophyについての思い入れもあるので）——「存在とは愛だ」とか言ってみたい気持ちが湧き上がってこないわけでもないが、そういうことを、託宣のように、あるいは詩のように、ただ放り出すことは、今回は、かたく自分に禁じなければならない。

ここではやはり、一般性の論理に従って、ひとつの小径を開いていくように、見通しのない森のなかを、少しずつ歩いていくのでなければならないのです。

「存在」と「無」は表裏一体

さて、「Xとは何か」、この問いは、一般的には、なんらかの仕方でXが「ある」、つまり「存在する」ことを前提にしています。

しかし、ここでは、その前提そのものである「存在する」とは何か、と問うている。なにかが、たとえば物体が、モノが、存在することが問題なのではなく、「存在する」とは何か、です。ここでは「存在する」は動詞です。そうなのだが、同時に、それは「存在」と名詞化されています。まるで、「存在」というモノが「ある」かのようです。

実際、この問いを裏返してみましょうか。すると、たとえば、「無とは何か」——「無」なんだから、なにもないのだから、そんなことを問うのは無意味かと思うと、どうもそうではないらしい。ジャン＝ポール・サルトルに『存在と無』という大著があるように、「存在」と「無」とは裏表のようなのです。「無」とはなにもない、なにも存在しない事態であるはずなのに、その「無」が「ある」からこそ、「存在」があるのかもしれない……（あれっ？）……では、その「無がある」というときのその「ある」とはどういう「存在」なのでしょうか？……等々となって、一挙に、この「存在とは何か」という問いの本質的な厄介さに突入してしまいます。

いや、いまの時点では、わたしはただ、「存在とは何か」と問うことがわれわれを連れ出すことになる「森」がどのくらい暗い、見通しのきかない、厄介なものであるかを、ため息をつくように、そっと予告しておきたいだけなのです。

でも、これだけでも、この問いの厄介さが、じつは、われわれが言語をもつ存在であることに深く関わっていることが感じられると思います。

というのも、「無」などというモノは、言語なしでは「ありえません」。同様に、なにかある物体の「存在」ではなく、限定なしの「存在」などというモノも、言語なしでは、問うこと自体が不可能です。

森のなかを彷徨う

つまり、「存在とは何か」という問いは、言語があって初めて可能となる。言語に深く根ざしているのです。とすれば、この問いは、どこかで「言語とは何か」という問いと交錯しないではいられないかもしれない。そうなのです。「存在とは何か」という問いが連れ出す「森」とは、なによりも言語という「森」でもあるのです。

そこでは、言語はメッセージを伝えるたんなる手段なのではなく、それが広げる次元と「存在」の次元とが重なりあっているようなものです。

そして、だからこそ、この問いをオーセンティックに受けとめようとすると、けっして第三者的に、客観的に、「存在」を解説していくというポジションはとれない。それでは、わたしの問いにならない。

そして、「存在とは何か」という問いは、もしそれが「わたしの問い」にならないのなら、その本来的な意味がなくなるのです。

なぜなら、「存在とは何か」という問いが、密かに含意しているのは、なにか外部の物体の「存在」ではなく、あくまでも、この「わたし」――誰もがそれであるこの「わたし」――の「存在」だからです。

わたしが存在する。わたしは、自分がどのようで「ある」か、それなりに知っている。わたしが誰であるか、わたしは（たぶん）知っている。しかし、わたしは、わたしがそれである、この「存在」が何であるか、知らないと感じている。わたしの「存在」は、わたしが知っているわたしについての情報を、はるかに超えているのではないか。わたしの「存在」には、まだわたしの知らない意味があるのではないか。

そう、だから、わたしは問わずにはいられない、「存在とは何か」と。それは、「存在とは○○だ」という「正解」を見つけるためではない。「正解」はない。そうではなくて、迷いながら、躓《つまず》きながら、暗い「森」のなかを彷徨ってみる、そしてその彷徨《ほうこう》が、微かに、ひとつの小径を刻み込み、小径となったその迷いの歩みが、とりあえずのわたしの「解」ということになる……かもしれない……ならないかもしれない。

いずれにしても、ひとつの径として問いが少しばかり解かれる……そんな「願い」とともに、歩き始めてみます。

第1章

「存在とは何か」が浮上する歴史的界域

歴史は結果や痕跡ではない

すでに「存在とは何か」という問いが歴史の問題と切り離せないということを予告しました。この章では、この問いがそこから浮かび上がってきた歴史の界域《ゾーン》について、ごく簡単な見取り図を描いておきたいと思います。

だが、ここでも、まず最初に、ひとつ注意をしておかなければなりません。

それは、歴史を、たとえば年表のように、個別の出来事が時間の列に並んでいるイメージ、われわれの誰にも抜き難く植えつけられているイメージを通して理解することを、とりあえず捨てなければならない。いや、「捨てる」が強すぎる表現だとしたら、いったん「括弧に入れる」でもいいかもしれません。

年表は強力です。誰もそれに反対できません。

過去から未来に向かう時間列——万人に共通の普遍性——に沿って、現実に起きた出来事を事実として並べていく。誰も文句がつけられない。しかし、それは、あくまでも歴史に関する記述のひとつの方法にすぎません。

あたりまえですが、それは、ダイナミックな歴史を「時間」という線の上に投影した影のようなものにすぎません。

そう、歴史とは、根源的にダイナミックなものです。それは、結果ではない。痕跡ではない。それは、いま、この瞬間にも、誰一人として先が見通せないような混沌としたダイナミズムとして動き続けているものなのです。

そして、こう書きながら、わたしは、またしても密かに呟きます。これもまた、「存在とは何か」という問いに対する、すでにしてひとつの回答でもあるよなあ、と。「始めに結論ありき」ですが、たとえば、「わたし」という一個の人間の誕生から死までのすべて（！）の出来事を、時系列で並べた、（いまならイメージ動画つきの）「年表」があったとして、しかしそれでもなお、「わたし」の「存在」とは何か、という問いは残り続けるというのが、「存在とは何か」の核心だからです。

本筋に戻ります。

ここでは、どのようなダイナミックな歴史の運動のなかから、「存在とは何か」という問いが浮かび上がってきたのかを、極めて大雑把に概観しておきたいということです。

そして、そのために、細かく年表を追っかけるような記述を通してではなく、大きなダイナミズムの運動としてつかんでおきたい。

にもかかわらず――一見すると矛盾するように思われるかもしれませんが――それが「年表」的な歴史記述とクロスしないようでは困ります。

言い換えれば、歴史が、具体的な出来事、具体的な人と接点をもたなければ、われわれにとって意味のある歴史にはなりません。歴史と言うとき、われわれは、たとえば一民族、一国家、一文化、さらには人類全体というような多くの人々がそこに否応なく、巻き込まれている、ほとんど凶暴とも言うべきダイナミズムを考えています。

それは、一個人のモノではない。それは、一個人という「存在」が、必然的に、巻き込まれてしまっている運動体です。

じつは、であるからこそ、「存在とは何か」という問いが生まれてくるのでもある。歴史がなかったら、つまり、わたしを巻き込んで、凶暴に無慈悲に容赦なく動いていく歴史という運動がなかったら、なにも「存在とは何か」などという、ややこしい問いを提起する必要はないのかもしれません。

われわれは歴史を飼いならそうとしている

つまり、歴史は、それでも、一人の人間のうちに方向性をくっきりと刻みこむ。一人の人間のうちに、その特異なベクトルを刻みこむのです。

というより、われわれ人間はそのようにしてしか歴史を理解することができないと言うべきかもしれません。実際、ほとんどあらゆる宗教は、一人の個人から出発しています。

しかも、その個人を、われわれ人間は「永遠な存在」とか、「聖なる存在」として、祀り続けているではないですか。われわれは、そうやって、歴史を組織化、つまり「文化」化しているわけです。文化とは、人間が歴史を受けとめて、それを組織化する動きです。

そうやって、われわれは歴史を飼いならそうとしているといってもいいかもしれないし、あるいは、本来的に顔をもたない歴史という残酷なダイナミズムに、それでも人間の「顔」を与え返そうとしているのかもしれません。

　こうして、たちまち「存在」という問題の本質的な厄介さが露呈してしまったわけですが、ここでは、「存在とは何か」という問いに迫るために、それが歴史的に大きく浮上してきた歴史の界域《ゾーン》をざっと見ておきたい。

　そのためには、いわゆる「過去の事実」を丹念に追うやり方ではだめで、とても大きなパースペクティヴで把握しなければならないのだけれど、にもかかわらず、またどうしても、ダイナミズムの特異点であるような――つまりそのダイナミズムの発現点であり、（言葉を変えれば）「犠牲」！　でもあるような――個人が登場しないわけにはいかないということを、言い訳のように、述べているだけなのです。

　その言い訳を逆に言うなら、今後の記述で、いくつかの固有名詞が出てくるが、しかしここでは、それらの名は、歴史の特異点の指標として呼び出されているだけで、それ以上ではない。それ以上の解説はするつもりはないと明言しておくということです。

ニュートン＝ライプニッツ断層線

以上の前置きを踏まえて、まず、一本の断層線を引いてみましょうか。

つまり、歴史のダイナミズムとは、文化の地層に、しばしば巨大な「地震」を発生させる。そして、それが、われわれの現実に、断層線を刻み込む。

そうだとしたら、「存在とは何か」という根源的な問いを浮上させた「地震」の痕跡はどこを走っているか。

じつは、歴史が惹き起こす地殻変動は、一瞬の出来事ではなく、長い時間——一人の人間の人生の時間をはるかに超えた長い時間——をかけて進行するもので、しかも極めて多層的多領域的なので、線を引くこと自体が無謀の極みなのですが、それでもあえて一本の線に託すとすると、わたしとしては、ニュートン＝ライプニッツ断層線を引いてみようか、と思うようになりました。

アイザック・ニュートン（1642〜1727）・自然哲学者、数学者、物理学者など。1687年の著作『自然哲学の数学的諸原理（プリンキピア）』によって古典力学の体系を打ち立てた人。

ゴットフリート・ライプニッツ（1646〜1716）・哲学者、数学者。「存在の問い」を、「なぜ何もないのではなく、何かがあるのか」（『理性に基づく自然と恩寵の原理』1714年）という鮮やかな仕方で定式化し提起した人。

ご存知のように、両者とも超弩《ど》級の知の巨人です。細かな専門領域コンパートメントに分属するように活動している現代の学者・知識人にはもはや不可能であるような、世界と人間のあいだの根本的な関係についての知の地平に深く根づいていた。しかも、ニュートンは下院議員や王立造幣局長官という役職もつとめているし、錬金術の研究も行なっていた。ライプニッツは政治家でもあり外交官でもあった。

さらに、両者は、一方はイングランド、他方はドイツでありながら、無関係どころか、数学の微積分法をどちらが先に確立したかをめぐって25年間にも及ぶ裁判を行なったという。

理性革命・力の時代

なんと美しい！　と、思わず言いたくなります。

歴史の地殻変動を、たった二つの特異点を結ぶことで示すためには、これ以上の描像はない。つまり、この断層線を通して、西欧の17世紀から18世紀にかけて進行した、途方もない「巨大地震」を、極めてエコノミックに提示することができる。

それは、一言でいえば、「理性革命」です。

いや、何度も言っているように、ニュートンについてもライプニッツについても、わたしはほとんどなにも知りません。このうちの一人について論述するだけで優に何冊もの本が必要でしょうし、そのような本はすでに多数、書かれています。

でも、それらを参照することなく、すなわち、彼らの生涯・業績のいかなるディテールにも入ることなく、わたしがここで読みとりたいことは、——先に掲げた両者の著作のタイトルを見てください――数学（微積分法！）を基礎にした「計算する理性」が、世界を「自然」として認識し、その根底にあるものを「原理」として定式化できるようになったということです。しかも、その定式は、極めて単純です。これは誰でも習ったはずですが、ニュートンの運動の第二法則は、（このように定式化したのはニュートン自身ではなく、後のオイラーだそうですが）

ma = F（mは質量、aは加速度、Fは力）

物体の質量がmであるとして、外から力Fが加わると、その物体は加速度aによって加速される。外から力が加えられなければ、物体は等速運動をする。たった三つの文字。三つの量。そのあいだに、等式で結ばれる極めて簡潔な法則が成立する。

そして、この法則は（20世紀に量子力学が打ち立てられるまで）――もうひとつ、これもニュートンが発見した万有引力つまり重力が問題になるケースを除いてですが――世界のどんな物体についてもあてはまる。

複雑極まりなく見えるこの世界は、運動そして力という観点から数学的に見た場合に、かくも単純明快な「原理」によって動いている！　そこには、（神にしろ人間にしろ）いかなる主体的な関与はない！　そうだ、世界は「自然」だ！「自然」なのだ！

この地殻変動の衝撃をどう受けとめるか？　――ある意味では、「存在とは何か」という問いは、ここから浮上してくるのです。なぜなら（少しオペラ的な演出を狙って誇張した言い方をしてみますが）、もしそうなら、いったい「存在」はどうなるのか？「自然」は計算可能な「量」として、こんなにも正確に、動いている。質量、力、加速度……だが、いったい「存在」はどうなってしまったのか？　だって、その計算の結果は、たとえば十数の桁、つまり「兆」というような途方もないスケールにおいてすら正確に！　記述可能なのです。原子のスケールでも、天体のスケールでも、自然科学は、正確に、物体の運動を記述できる。これにびっくりしないようでは、じつは、「存在」の問いを真に理解することはできません。

だって、それぞれの「量」、つまり数値そのものは、「存在」ではないだろう。それで世界が完全に記述できてしまうなら、まるで、物体は「存在」しなくてもいいかのようではないか！　と、ライプニッツが思ったのかどうかは知りませんが、それなら、なにもなくてもいいのに、「なぜ何もないのではなく、何かがあるのか」と、彼は問う。[註1]　つまり、「存在」があるのは「なぜ」なのか、どのような「原理」、「理由」によって「ある」のか？　と。

「神的な意味」を確保したい

おもしろいのは、ライプニッツ自身は、その問いに、「神」をもって応えようとしたことです。すなわち、「存在」の究極的根拠として、原理としての「神」を持ち出さないわけにはいかなかった。

ある意味では、もはや世界を理解するために「神」という特別な、究極の「主体」を要請する必要がなくなったのかもしれないときに、それでも、それだからこそ、全能・全知・完全・必然というような人間の言語に基づく論理の究極としてある「神」の「存在」を想定せざるをえなかったのです。

これこそ、まさに断層ですね。つまり、「断層線」はライプニッツ自身の思考をも貫いていて、一方では、すべての運動が、（自由）意志などの不確定な作用を介在させず完全に記述できるという理性的な世界描像を打ち立てているにもかかわらず、他方では、そこで正確な、測定可能な量を基礎にした自然観が締め出してしまった「存在」を、それでも「神」という名のもとに救おうとしているわけです。「存在」についてのすべての問題は、すでにここに集約的に告知されています。

つまり、「存在」とは――それをどのように意味づけるかは別にして――なんらかの仕方で、「神」と言うのが性急すぎるならば、「神的なもの」であるのではないか？　われわれが「存在とは何か」と問うのは、ただそれが何であるかを知りたいという純粋な「何か？」なのではなくて、ひそかに、「存在」――われわれが「存在」しているということ――は、じつはどこかで「神」につながる、神的なものなのですよね？……と確かめたいのです。

それが「存在とは何か」という問いの隠された欲望です。

だから、どんな存在論も、それがオーセンティックであるならば、究極的には、――そこでどんな「態度」をとるかはそれぞれですが[註2]――「存在」の奥になんらかの「神的な次元」を読み取ろうとします。

つまり、存在論というものは、理性革命がもたらした、力という数量によって厳密に記述再現が可能となったわれわれの世界、「存在」がすっかり消えてしまったような、力だけが支配するこの世界において、なんとか、それでも「存在」としての「神的な意味」を確保したいという反時代的な運動なのです。

　われわれの世界は力の世界だ。それは、単に物理的な力というだけではなく、人間社会の組織そのものも支配という力によって統御されているではないか。そこまで含めて、すべては力。ということは、われわれの世界は力学的戦場である。

　こうして、ニュートン＝ライプニッツ断層線がもたらした世界観の革命とは、理性の名における力の世界観であったわけです。そして、その世界観のもとで、新たな力そしてエネルギーが開発されます。

　蒸気機関、エンジン、電力、原子力……それによって、人間は、自分たちの世界を工学的に創り変えてしまう。そして、それだけではない、その力の思想は、われわれ自身の「社会のつくり方」にも当然、反映されて、だからこそ、「近代」（モデルニテ）の社会は、革命という力による力の転覆という図式、あるいは侵略という力による他者の征服という図式に強く誘導されるようになる。それを、ニーチェにならって「力への意志」と言ってもいいのかもしれません。

文化は時間を超えて「取り憑く」

とすれば、そのニーチェが「神は死んだ！」と叫ぶのは当然ということになる。あまりにも有名な言葉です。だが、これを、たんなるひとつの哲学的命題として受け取るというのでは、きっとほんとうの意味には迫れません。ここで聞き取るべきは言葉の強度です。

それは、ニュートラルな哲学命題などというものではなく、狂気の縁において発せられた断末魔の絶叫のようなものです。それは、「神的なもの」を否定する言葉ではなく、逆にまさに「神的なもの」を「神」から解放した言葉であったわけです。

一般的には、この「神は死んだ！」は、ニヒリズムの格律ということになる。つまり、とても長いあいだ西欧文化の根幹を支配していた一神教的、すなわち、世界の創造主としての「一神」的世界観が実効性を失ったことを宣言したわけです。

だが、当然ながら、文化とはそのようなものなのですが、「死んだ」からといって、消えてなくなるわけではない。かえって、それが幽霊のように「取り憑く」ということもある。いや、文化とは、まさにそのように、時間を超えて「取り憑く」ものにほかならない。それは、力のように、その場で働いたら終わりというわけではない、そして、それこそ、「存在」というモノ（コト）に深くかかわることなのです。

またしても、ややこしいことになってきていますが、重要なことは、「神は死んだ！」という叫びは、それまで「存在の意味」の保証人であった一神教的「神」が失墜して、新しく、人間にとっての「存在の意味」の探求がはじまることを告知するものであったということ。それは、たんなるニヒリズムではない。そうではなくて、キリスト教という拘束を超えて、人間にとっての（普遍的な）「神的なもの」の在り様を探求することが、ようやく可能になったということなのです。

だからこそ、この時代から、西欧文化は、広い意味で、世界のその他の文化における「神的なもの」に強い関心をもつようになる。神智学や人智学、さまざまなオカルティズム、オリエンタリズム、ユング心理学、超現実主義、さらには文化人類学……。そういったすべての知的活動は、一神教的拘束を超えて、そして同時に「理性」原理を超えて、存在の「神秘」の次元を明らかにしようとするものだったわけです。

禅を始めとする東洋の文化への強い関心もそこに根を張っていた。そのなかでこそ、日本の文化（ジャポニスム）も世界に受け入れられたのでした。

もちろん、いま、ここでは、いわゆるニヒリズムと裏表の関係にあったと思われる、こうした「存在の神秘主義」の地平を俯瞰する余裕はありません。「理性」原理とは真逆ですが、このような神秘主義においては、それぞれの現象は、数量という一般性に還元された、数少ない項の方程式で記述されるのではなく、つねに、ある種のイメージ的な次元を通して、それぞれのモーメントにおける特異性として現れてきます。そこでは、理性的な普遍的な記述はできないのです。

すなわち、数量という一元的なスケールはない。そこには、イメージ的多様性の次元が開けている。「存在」の意味は、数量のうちにではなく、イメージのうちに隠されているのです。だからこそ、それは、神秘的である。

「無」からの浮上

ニュートン＝ライプニッツからはじまって、あまりにも乱暴な進め方であるとはわかっているのですが、西欧のある時代から、一挙に、どのように「存在の問い」が浮上してこなければならなかったか、を概観したつもりでいます。

わたしとしては、自然科学を生み出した理性革命が、西欧社会の根幹をつくり変えていくのに応じて、人間のそれぞれの「存在」の意味が、再度、ラディカルに問い直されていくことを強調したいわけです。

「存在の問い」は、そこから、つまり「神が死んだ！」その「無」（ニヒル）から浮上してくる。そのような歴史的な認識なしに、ただ「存在とは何か？」と一般的に問うのでは、この問いをほんとうに受けとめたことにならないと言いたいのです。

さらに余計なことを付け加えておくなら、どこかで、西欧的な一神教的文化とは違った、ざっくり言うなら「原始的なアニミズム」の文化基盤をいまだに保持している、われわれ日本人にとっては、西欧の歴史におけるこの存在論的問いの切実さをほんとうに理解することは、かなり難しいということもあえて指摘しておきたい。

　アニミズムは、「存在の神秘主義」のひとつの原始的な形態です。それは、当然ながら、ポスト一神教の「存在の問い」へのひとつの応答の可能性を示しています。しかし、いったいどのような地平においてそれを問い直すのか、が問われる。すなわち、人類という地平において――あえてこう言ってしまいますが――ポスト理性主義の世界観の更新にどのように貢献できるのか――そのために、まずなによりも、問いそのものの歴史性をはっきりと認識する必要があるのです。

第2章

実存の彼方を目指して

私が、いま、ここに

それでは、こうして大急ぎで概観した理性革命による存在論的転換によって、われわれの「存在」認識はどのように変わったのか、その核心を見ておかなければなりません。核心は――わたしの考えでは――たった一語に集約されます。それが「実存」です。

ただし、すぐさま言っておかなければならないのは、これは、どうしても「実存」という日本語の訳語そのままではなく、その元になったラテン語由来の西欧語（仏語／英語／独語など）における existence（エグジスタンス）という語のニュアンスを含めて受けとめたい。

いや、「実存」という語が悪いわけではありません。後に見るように、この「実」という語の響きに、わたしは新しい可能性を見出そうと考えているのですが、とりあえずのこととしては、元の西欧の語が含むex-（外へ）という接頭辞が示す方向性をしっかりマークしておきたい。つまり、以後ここでは、わたしは、「実存」という語につねにexistenceを透かし見るようにしながら語るだろうということです。

実存――それは、私がいま、ここに、この世界のなかに、こうして存在している、ということである。

すなわち、これ以降は本テクストの筆者としての「わたし」と区別して――日本語の利点だ！――一般性をもつ一人称単数の主体を指し示す用語としては「私」を用いることにして、この言葉を動詞的に一般化するなら、

私は実存する

決定的な命題です。これは、論理的に、すべての存在論的探求の出発点・起点となる命題です。あえて言うならば、絶対的な「神」があって、それで私が存在するのではなく、まず私が、現実に、「現」にして「実」に存在する。そこから、世界が意味として、構成される（べきである）。

度のすぎた感傷と笑われるかもしれないが、わたしとしては、何百万年という歴史の時間を経て、人類が、ついにこの根本命題に到達したことに深い感動を覚えないわけにはいきません。もちろん、哲学史的に回顧するなら、たとえば、デカルトのあの有名な「われ思う、ゆえにわれあり」からはじまって、パスカルのあの「考える一本の葦」を経由し、さらにはカントやニーチェなども経て、最終的には、それらの総括であるような、20世紀のまさに実存主義を全面的に展開したジャン＝ポール・サルトルが言った「実存は本質に先立つ」という命題へと到達する道筋を丹念に追うこともできるでしょう（哲学もまた、多くの人を経由しながら、少しずつ組み立てられていくものなのです）。

しかし、そんな哲学史の「お勉強」は、ここでは必要ではない。大事なことは、「私がいま、ここに、こうして実存している」という、誰にでもまったく平等に与えられている原・事実から出発して、われわれは、われわれみんなが生きているこの世界の「意味」をみずから構築するのだという、そう、まさに、この驚くべき、恐ろしい「自由」の格律に感動できるか、どうか、なのです。

理解ではなく、感動です。感動とは、存在において引き受けることです。じつは、この段階で結論を先取りして言ってしまうことになりかねませんが、「存在とは何か」

に対する唯一の答えは「感動」なのです。

「実存は本質に先立つ」――つまり、あらかじめ私の実存以前に、「本質」という意味があるわけではない、私の前に――それが「神」の名においてであれ、真理という名においてであれ――私の「存在の意味」についての正解があるわけではない。それを探し出し、それを生きるのは私だ。私が主体だ！　すなわち、私は、誰でも、その意味で哲学をするのでなければならない。有名な哲学者が言ったことを、そのまま「正解」だと思うなら、それは「信仰」と同じであり、私の実存の真理にはならないだろう。私は「私の実存」から出発して「存在の意味」を求める。

過激な言明です。「私の実存」という貧弱で、なんとも情けないこの「存在」から出発して、世界へとその「意味」を与え返さなければならない……だが、それこそがフィロソフィア philosophia。だから、ほんとうは、誰もが潜在的にはフィロゾファーなのです。

もちろん、すぐに付け加えなければなりません。それは、このサルトル的な実存主義哲学を貫く根本が、20世紀の後半の、とりわけフランスの知、その哲学思想の潮流のなかで、決定的な「異議申し立て」を突きつけられて揺り動かされるということ。いわゆる「構造主義」と呼ばれた知の革命です。

「弱さ」を意味としてすくいあげる

それは、哲学的思考としてもたらされたというよりは、言語学、文化人類学、精神分析、記号学、心理学、エピステモロジー、数学などの学問が、人間にとっての「意味」がある意味では主体以前に構造化されたものとしてあることを明らかにしたことからもたらされました。

そして、ここで私語りを許していただけるなら、わたし自身、20歳前後に、まさにこの構造主義あるいはポスト構造主義という知の衝撃を受けたのでした。

それが、わたしの人生を決定してしまった。つまり、それまで、いわゆる思春期を通じて、サルトルの実存主義哲学だけではなく、フランスのモデルニテ（近現代）文化の実存表現の多様性に魅惑され、感動していた未熟な精神に、まるで突然、知の鋭い刃が突きつけられたような戦慄が走ったわけです。

しかも、それは、視点の新しさにおいて、ワクワクするような興奮をもたらすものでした。極言するなら、実存という私の「存在」に対して、それに先行する広大な、言語的、社会的、歴史的な「意味の空間」が与え返されたという感覚です。

奇妙だと思われるかもしれません。先ほど、わたしは、「私は実存する」からすべてがはじまるという実存主義の「自由の主体」という先端性に感動したと言いました。

ところが、そこに人間の言語がそうであるように、意味は、主体の自由に先立って、あらかじめ重層的に決定されているのでもある、という構造主義的知見が突き立てられたわけです。

しかし、それは、「私は実存する」から出発する実存主義的態度を、全面的に否定するものというよりは、実は、その無条件的な主体性そのものを見直して、あらためて再組織化するという途方もなく困難な、しかしそれゆえに、極めてスリリングな挑戦へと誘うものだったのです。

以来、わたしは、――わたしが学んだフランスのフーコー、デリダ、リオタール、ドゥルーズ、ナンシー、ラクー＝ラバルト、レヴィナス等々といういわゆるポスト構造主義のきら星のごとき哲学者たちの一群に混じって、もちろんはるかに遅れて姿も見えない「屑」なのだが、その歴史的な課題を自分なりに引き受けるべく思考を続けてきたのです。もちろん、それらの哲学者たちからの多大な影響は受けている。しかし、わたし自身は、彼らと対話し、彼らの仕事について批評的テクストを書いたりはしたが、ただの一度も、彼らの哲学の解説書は書いたことはない。

　わたしは、わたしなりに「私は実存する」から出発して、「自由」に裏打ちされた「強い主体」ではなく、歴史のエネルギーのなかに囚われて、しかしそこでなにか人間にとっての重要なことを譲ることなく、歴史に抵抗し続けるような「弱い主体」を夢見るように思考し続けてきた。そして、それを通じて、いま、実存というこの先端を、主体的自由を超えた、「存在」の複数次元が絡み合った「超実存」！として再組織することを考えようとしているのです。それこそが、このテクストを書くわたし自身のポジションです。

　私語りの括弧を閉じましょう。でも、こうなったら、この出発点としての実存について、もう少し詳しく見ておくべきでしょう。

　括弧の最後のほうで、わたし自身の思考のひとつの要点として「弱い主体」ということを言いました。誰もがよくわかっているように、実存とは弱いものです。そして、わたしとしては、その「弱さ」をひとつの意味としてすくいあげたい。

この章の冒頭で実存という言葉を導入したときに、わたしは、それをラテン語から来た接頭辞ex-(外へ)という方向性の感覚を重要視したいと述べました。つまり、実存とは、ただ私がここに存在しているということを言うだけではなくて、なによりもその存在の仕方に、「外へ」あるいは「外から」という運動性が秘められていることを言う言葉なのです。そこにすべての鍵がある。

サルトルが言った「実存は本質に先立つ」――それは、ある意味では、――本質とは、本質的に、時間的な変異によって変化しないもののはずですから――「いま、ここ」という「現-」の実存は非本質的であるということでもある（ハイデガーは「非本来性」と言いました）。誰もが日々、実感しているように、われわれのそれぞれの実存は、日常的であり、世俗的であり、少しも本質的ではありません。

誰もが、自分の「存在」のあり方が――本質などというものがあるとしてですが――その「外」にあることを感じている。それを「疎外」と名付けてもいいかもしれません。われわれの実存は、その本来的な本質から疎外されている。本質が与えられる以前に、その「外」に投げ出されているのです。

接頭辞ex-と西欧モデルニテ

では、もしそうだとしたら、実存は、どうするでしょう？

当然ですが、この「疎外」の方向性を逆転させようとします。すなわち、私は、今度は、私という実存の「外へ」と向かおうとします。簡単に乱暴に言うなら、私から脱しようとします。

（フランス語併記させてもらいますが）私からの「逃亡」exileです、あるいは、われを忘れるような強い「陶酔（恍惚）」extase、あるいはもっと端的に「興奮」excitationを求めようとします。あるいは、もう少しおとなしく、「表現」expressionでもいいかもしれません。私を表現したいと欲望します。芸術も文学もみなこの欲望に根ざしています。いずれにしても、そこにはつねに、「高揚」exaltation、強度が求められています。

そして、その強度への志向は、つねに限界を超えようとするので、それは、いつのまに、「激昂」exaspérationや「（死刑）執行」exécutionへ、さらには「爆発」explosion、「集団移動」exode、「強奪」extorsionへ、そして最後には、「民族絶滅」exterminationにまで達するのかもしれません。

このように、ex-の接頭辞に導かれる語を並べるだけで、それが、西欧のルネッサンスあるいはバロック期からはじまる、まさにニュートン＝ライプニッツ断層線を刻み込んでいる西欧文化、そう、最後には、なんと「アウシュビッツ」にまで行き着いてしまうことになる西欧モデルニテ（近現代）文化の核心が、連鎖的に、見通せるようにすら思えてくるのです。つまり、実存について考えるということは、この西欧モデルニテ（近現代）という歴史性と向かい合うことにもなる。「存在」とは、歴史性そのものを免れないのです。

こうなると、わたしとしては、強いて言えば、わたしの唯一の専門領域でもある、若いときから一貫して、わたしがその魅惑の下にある、「19世紀の首都」と呼ばれた「パリ」の多様な文化（絵画、詩、小説、舞台、音楽、建築……等々）の具体的な例を取り上げて、そこでどのように、このex-の運動が多様な仕方で展開されたのかを詳しく論じてみたいと思わないわけではない。実際、わたしの思考の原点とも言うべきは、修士論文で論じたボードレール[註3]なのですが、彼の詩集『悪の華』こそ、実存が、一方では、本質から決定的に「疎外」されたメランコリックなもの（「憂愁」ennui）であると同時に、それだからこそ、他方では、そこから「脱出」（ex-）して、激しく「陶酔」extase を求めるのか、を高らかに詩として歌いあげた。いや、あるいは、みずからの本質を求めて、故郷を脱して果てしない彷徨・漂流に一生を捧げた若き詩人ランボーのあの「時よ、来い！　陶酔の時よ、来い！」という真摯な詩の叫びを思い出してもいいかもしれない。

さらには、たとえばサン・サーンスのオペラ『サムソンとダリラ』でダリラが「陶酔をわたしに注いで！」と歌うアリアを重ねることもできるかもしれない。いや、ビゼーの『カルメン』からドン・ホセの「ああ、わたしはまるで酔ってしまったようだ……」という「陶酔」の歌を取り出してもいい。

枚挙に暇はありません。無数の文化事例が、実存が、本質的にex-の運動性によって、構造化されていることを鮮やかに明かしているのです。

しかも、その構造化は、ある道筋を辿った場合には、その究極において、「陶酔」

も「恍惚」も超えて、なんとも残虐な「アウシュビッツ」にまで行き着く可能性までも内包している。そのことを、けっして忘れるわけにはいかない。「存在とは何か」と問うことは、こういったわれわれの歴史性そのものを、真正面からではないにしても、引き受けることでなければならない。わたし自身は、正直、これに耐えられる自信はないのですが、しかしこの歴史性を引き受けようとすることなく「存在とは何か」と問うことなどできない。

　こうして、わたしとしては、実存なるものが、なによりもex-という、「外へ」という方向性の接頭辞が示す運動性によって構造化されていると言いたいわけです。ですから、構造によって実存が否定されたのではなく、むしろ実存の根源的な構造が明らかになったと考える。そして、それは、「本質（意味）の外へ」あるいは逆に「私から外へ」という二重の方向性による構造化である、と。

　このように外国語の接頭辞を用いたりして、この構造を記述したりすると、自分とは関係のないことだと思う人が多いかもしれないけれど、そんなことはない。ここで言われていることは、われわれの誰もが、日々、密かに、あるいは公然と行なっていることです。

すなわち、酒による「陶酔」からはじまって、さらには（ボードレールもそうだったが）ハシッシュや麻薬といったドラッグによる「陶酔」を求めること、そして「恋愛」を通して（あるいは通さずして）さまざまな性的な「恍惚」（エクスタシー）を欲望すること、われを忘れてゲームや舞台にはまる「熱狂」、さらには、政治的イデオロギーや宗教的なドクサ（信）に身を捧げる「犠牲」的な「殉教」に至るまで、多かれ少なかれ、われわれの誰もが日々、それなりに実践していること。

さらには、そのもっとも純粋な、過激な形として、瞑想して「無我」の境地に至ろうという、一見すると正反対に見える方向性すらも、そこに付け加えることもできるかもしれません。

実存は夢見る

もちろん、それぞれの意味はまったく違います。しかし、構造としては、みずからが「ある」この存在のあり方を超えて、その「外」へ意味を求める、そのように私の「外」へと行こうとすることにおいては同じです。

あるいは、逆に、「私の外へ」ではなくて、「私を外へ」という、いわゆる「表現」expressionの方向性もあるかもしれません。これにも、さまざまな位相があるけれど、真正なものであるならば、それは、たとえば、ただ私が考えることを外に向かって主張するなどとはまったく違うこと。そうではなくて、私という存在から、私の知らなかった「ひとつの世界」が「外へ」と生まれてくることなのです。そこには、たぶん「陶酔」はありません。こう書いている、いま、この瞬間のわたしがそうですが、「これでいいのか?」と迷いと不安につきまとわれていたりする。それでも、まさに忍耐を必要とするこの苦しい作業を通して、私のなかから私の知らない世界が立ち上がってくること、そこにひとつの夢があるのです。

そう、実存とは、そのように夢を見る「存在」でもある。「もうひとつ別の世界」、「新しい世界」が生まれくることを夢見る。表現とは、ある意味、夢です。実存とは、本質的に、みずからの非本質性から出発して夢見る存在なのです。

そうです、ボードレールの『悪の華』の最後の詩の最終行が思い出されます――「〈未知なるもの〉の奥底で新しいものを見つけるために!」(「旅」)。実存の時代とは、まさに文学・芸術が花開く時代だった。実存なくしてアートはない。

こうして実存は、ただ、「いま、ここにある」という事実なのではなく、それ自体が、ひとつのダイナミックな構造として「ある」ということが見えてきます。実存、つまり「私がある」ということは、動的であり、しかもそのダイナミズムは構造化されている。では、なぜ、このように構造化されているのか?

答えは簡単です。一言でいうなら、それは、われわれの実存が、言語活動を通して、組織されるからです。

実存とは、私が、いま、ここに、こうして存在すること。それは私の存在。私という自己が存在する。では、その私はいったいいつから存在するのか？

　生物学的には、私の存在は、母親の卵子と父親の精子が受精したときから始まっていると言えるかもしれない。しかし、（おそらく）その時点では、私は存在しない。

　では、母親の胎内から誕生したときからか？　オギャーと泣いて生まれたそのときから、私は実存し始めたのか？……はっきりしているのは、「実存」という言葉が指し示していることは、私がそれである生物体ではなく、まさにそれが私であるというその「存在の仕方」だということ。

　とすれば、私というものが、どのように、形成されるか、が問われなければなりません。そして、そう問うなら、答えははっきりしています。

　それは、私を産んだ母親を筆頭として、私がそこに――まるで天から落ちてきたように――生まれてきた、いくらかの人々の輪のなかで、形成される。もちろん、この輪は、昔ならば、たとえば「家族」と言ってもいいし、「村」と言ってもいいかもしれません。しかし、なんであれ、私の誕生を迎え容れてくれた人々がつくる「場」です[註4]。

　私はまったく覚えていないのだけれど、ある時、ある日、母親の胎内から、私はこの世界へと生まれてくる。オギャーと泣いて生まれたその私を、誰かが抱き上げて衣で包んでくれる。そうしながら、私の顔をじっと見てくれる。私の眼をのぞき込んでくれる。

そうして、私が、「いま、ここに」、この共通の世界のなかに存在することを……(なんと言うべきか?)……告知してくれる、教えてくれる……そう、そうして私に実存をくれる、与え返してくれる。「実」なる「存」を与えてくれる。

実存は贈与される。「太初《はじめ》に贈与ありき」です。ただし、その贈与はモノの贈与ではなく、「存在」の贈与です。それが決定的に重要なこと。そして、その贈与の印が「名」です。「名」こそ――家族であれ、村であれ、部族であれ、邦であれ、国家であれ――共同性の刻印です。私はそのような共同性のなかに生まれてくる。与えられたその共同性のなかで実存し始める。

人間にとって、共同性とは、生物学的なものではなく、広い意味で言語的なもの、つまり文化的なものです。文化とは共同性です。その共同性のなかに、私は生まれ落ち、そしてそこで名を与えられて登録され、そして初めて実存するようになる。

I amから「外」へ

ハイデガーは、この実存的存在様態を「世界内存在」と言いましたが、わたしとしては、いや、「世界」以前に、まずは「共同性内」（あるいは「歴史内存在」でもいいかもしれません）ではないか、と言ってみたい。

世界は、それぞれの「共同性」の文化のなかで、つねに解釈されたものとして存在しているのだから、と。だからこそ、まさに世界というものが、それぞれの文化的共同性を超えた、誰にとっても同じただひとつの普遍的な世界として確立された大事件こそが、ニュートン＝ライプニッツ断層線が指し示す理性革命の結果であったので、それ以前は、世界なるものは、たとえば神話的な解釈のもと、それぞれの文化的「共同性」のなかに織り込まれていたわけです。

もうひとつ注意しておきたいのは、ここで、わたしは「共同性」と言っていること。

つまり、それは、必ずしも「共同体」と等価ではない。少し前に述べたように、家族、村、部族、邦、国家、など、現実的にさまざまなレベルで共同体が存在していきます。私は、そうした共同体のなかに生まれ落ちてきて、そこで名を与えられ、そこで過去から続くその共同体特有の文化のなかに実存するようになる。

その場合は、実存は、その文化のなかに絡めとられてしまう。もちろん、どんな時代でも、特異な個人が文化を更新していくのだけれども、しかし一般的には、個人が個人の資格において実存を引き受けるということは稀で、ほとんどの場合は、個人の私は、まったくいつからはじまって、どう続いているのかもわからないような文化＝世界のなかに完全に取り込まれて存在し、生きていくのです。

ここではっきり言っておきますが、文化とは、じつは、実存にとっては、そのような拘束です。過去の共同性の堆積の拘束。

先ほどわたしは、実存は贈与されると言いました。名を通して。だが、多くの場合、その名は、まさに「存在」の規定そのものでもあったわけです。

贈与は、ある意味では、とても恐ろしいものでもある。たとえば、もっとも極端な例として、カースト制のことを考えてみればいい。その文化は、生まれてくる個人の

「存在」を規定してしまいます。

人は、みずからの「存在」を選び取れない。「存在」こそ、文化という拘束を通じて、押しつけられ、刻印されるものなのです。生まれた瞬間に——ひとつの「名」のもとに——「あなたはバラモンだ」、「あなたはクシャトリアだ」、「あなたはパーリアだ」と規定されてしまい、そこから一生逃れることはできない。そこには実存の感覚は生じない。

「私が実存する」は、「私は（　）である」という私についての規定を含んでいません。実存という感覚は、私という「存在」が「（　）である」という共同体的な規定に先行するという感覚です。

私は、共同体のなかで、共同性において、ひとつの「名」を与えられ、そうして「存在」を与えられるのだが、しかし、「私が実存する」は、そうした文化的共同体的拘束に先行するのだ、と。

だが、同時に、誰も「私が実存する」に耐えられない。その非本質性、あるいは非本来性に耐えられない。そして、少しでも早く「私は〇〇である」という社会的な規定・承認を得ようとする。「私がある」を「私は〇〇である」に変えようとするのです。

なぜなら「私は（　）である」は、意味だから。そうやって、われわれは私の「存在」に意味を与え返そうとするから。「I am」という実存にとどまることができずに、それはつねに「I am（　）」とwhatを求めずにはいられない。I amから「外へ」と出ていこうと夢見る……それがモデルニテという時代に、一挙に、一般化したことなのです。

たとえば、極めて身近な例をとるならば、われわれは、よく子どもたちに「大きくなったら、何になりたい？」と訊く。それに対して、子どもたちは「サッカー選手になりたい」とか、「宇宙飛行士になりたい」とか、「看護師になりたい」とか、自分の夢を答えます。

誰に対しても、そのように問うことがまったくあたりまえであること、それこそが、われわれが実存の時代にいるということの証しです。

そこでは、「存在（ある）」beは「生成（なる）」becomeとなる。当然です。ジル・ドゥルーズの哲学の鍵語である（これはフランス語ですが）devenir（「なる」）を、日本語ではわざわざ「生成＝変化」と難しく訳すのが一般的なようですが、実存とは、まさに変化し続ける時間のなかで、「なにものか」のほうに向かって不断に「生成＝変化」し、つまりは、みずからを自己組織化していくこと、ただ単に「存在する」ことに満足することなく、絶えず「なにものか」になろうとすることなのです。

　そして、その「なにものか」とは、――子どもたちの答えにはっきりと現れていますが――人間社会の共同性のなかで規定されるような「なにものか」です。「なにになりたい？」と訊ねられて、「ぼく、人間になりたい」と答える子どもはいないでしょう。「ぼく自身になりたい」と答える子どもも、たぶん、いないでしょう。すなわち、実存とは、あくまでも言語がもたらす「共同性」の地平において、われわれが存在しているということなのです。

　その意味では、言語がなければ実存はない。言語と実存は相関している。言語が開く「共同性」の地平に、われわれの実存は根づいている。言語を通して、私が私として実存するのです。

言語と実存の相関

この事態を、どのように哲学的に再構築するか、乱暴に言ってしまえば、これこそが、20世紀の（大陸系）哲学にとっての大問題でした。ちょっと整理してみましょうか。

（1）まず私。私という一個の存在に対して世界が開けている。となると、哲学は、ただ「人間一般」についての真理の探求ではなく、この私なるものが成立する根拠を問わなくてはなりません。すると、それは、意識ということになる。この概念を、いままでは使ってこなかったのですが、私なるものは、どう考えてみても私という意識です。私は意識として存在している。そして、それは、一瞬たりとも止まることなく、時間的に変容しつづけている。私が――睡眠でも、また失神でもいいが――意識を失えば、途端に私にとって時間は流れない。時間はなくなる。しかも、この意識においてこそ、私に対して世界が現れる。意識は、「私の意識」でありながら、そこには、私にとっての世界のすべてが現象している。「私の意識」において世界が現象する」――この原点から出発して、すべてを問い直し、すべてを再構築する。それが、フッサールからはじまり、メルロ＝ポンティに受け継がれていく、いわゆる現象学の運動です。

（2）　ところが、そのフッサールの弟子であったハイデガーは、こうした現象学的な意識の哲学から脱して「存在の意味」の方向へ向かう。これも乱暴な言い方ですが、意識は根源的に受動性において「ある」。だが、われわれの実存は、すでに見てきたように、みずからの存在に意味を与えようとする能動的、あるいは、ハイデガー的に言うなら、投企的ではないか、と問いかけたわけです。実存は、ただ時間的であるのではなく、「来るべき時間」へとみずからの「存在の意味」をプロジェクト（「前に投げる」ことですね）するのではないか。そこにこそ、私という実存の本質がある、と。こちらは存在論の系列です。

それ以降、20世紀の哲学者たちは、「意識」と「存在」のあいだをどのように調停し、架橋するか、について思考します。現象学の流れのなかから「存在」を問う。あるいは、「存在」を通して「意識」を問う（たとえば、サルトルの場合のように、「対他存在」、「対自存在」と分けてみたりする）。それぞれの哲学者が、そうしながら、「実存の哲学」を完成させようとする。

そして、まさにそこにこそ、すでに触れたように、構造主義革命として、言語なるものが突き刺さってくるのです。「意識」と「存在」のあいだに、「言語」が介入してくると言ってもいいでしょう。

（3）　言語は、人間が使いこなす「透明な道具」などではなく、われわれの実存という存在のあり方は、言語を通じてこそ、構造的に、形成される。別な言い方をすれば、私という実存は他者に先立たれている。あるいは、私の実存の意味は、他者のうちにある。20世紀後半の哲学の言説には「他者」という言葉が氾濫します。実存が言語を通じて形成されるということは、他者が私に先立つということだからです。私の前に！他者がいる。あたりまえといえばあたりまえのことですが、私は初めからあったわけではなく、私は他者を通してつくられたものだ。
この世に生まれてきたあなたに向かって、他者が、——先ほど述べたようにひとつの「名」をもたらしつつ——呼びかけます、「花子ちゃん、かわいいねえ」と。それを聞いているだろうあなたは、しかしその段階では、その言葉の意味はわかりません。その意味は、それを言う他者のほうにあって、あなたのうちにはまだない。あなたがわかるのは、——いや、まだあなたはあなたとして形成されていないのですが、——ただあなたが呼びかけられているということです。

だから、ここで「言語」を、たとえば日本語とか英語といった体系化された言語（フランス語ならlangue［ラング］ですね）として考えるのではなく、もっと広く、他者に対して向かい合い、「名」を与え、呼びかけ、なにか意味を伝えようとし、さらには、その行動を規制しようとする言語的活動（フランス語はこちらをlangage［ランガージュ］と言います）全体を指していると理解しなければならない。一言もなにも言わないでも、じっと相手の目を見ることだって、当然、言語活動、いや、ほとんど最強の言語活動です。

さて、そうなると、はっきりしているのは、意味は他者のほうにある、その他者の意味を、感じ、学び、理解し、自分のものにすることで、私は私になるということ。しかも、忘れてはいけない、他者はいつも「花子ちゃん、かわいいねえ」と肯定的なことばかりを言ってくるわけではない。むしろ「花子ちゃん、◯◯してはだめ！」「やめなさい！」など禁止、つまり否定がかかってきます。言語は、「名」を通じて、「存在」を肯定するのでもあるが、同時に、「存在」を、さまざまな意味で、規制し統御しようとする。そう、言語とは、意味とは、たんなる情報伝達などではなくて、「存在」に関する肯定と否定の場を開くものなのです。その複雑な関係性の組織化を通じて実存が形成されていく。

想像してみましょう。幼いあなたが、通りを横切ろうとしている。すると突然、後ろから、さっと手がのびてきてあなたの身体を押さえて引きとどめる。他からの物理的な力によって、あなたの行動が阻止された。今度は同じ状況で、後ろから「あぶない、止まって！」と声がかかる。「車が来てるでしょ！」と。すると、あなたは、横切ろうとしていた自分の身体を自分で止める。つまり、他者の言語によって、他者があなたを抑制するわけです。極論すれば、実存とは、こうして他者の言語活動を通して、抑圧的に形成されるものにほかなりません。

毎日、街角で見かける光景ですが、母親といっしょにいる小さな子どもがギャーギャーと泣いている、「いやだぁーー」と叫んで駄々をこねている。その傍で母親が「いい加減にしなさい」と立ちすくんでいる。あれこそ、ある意味では、実存なる事態のもっとも原初的な光景なのかもしれません。

すなわち、これが決定的に重要なことなのですが、実存とは、ただ単に「存在する」ということなのではなくて、他者との関係において、みずからの欲望が抑圧されることを通して形成される情動的な「存在する」なのです（ついでに言えば、駄々をこねて泣きわめいている子どもは、母親の抑圧的「否定」に反抗しているのですが、この「反抗」こそ、たとえば、サルトルの実存主義に対して作家のアルベール・カミュが対置した実存の態度です。それは、他者が押しつけてくる意味に断固として「反抗」する態度なのでした）。

こうなると、ここにもうひとつ実存の構造にとって重要な項が浮上してきます。それは、欲望です。それから、泣きわめいている子どものイメージがはっきりと物語っているように、情動です。つまり、実存とは、なによりも「欲望する」ものであり、しかも情動として「ある」ものなのです。

（4）　欲望――ようやく、われわれは実存の根底に辿り着くのかもしれません。実存とは「欲望する存在である」、より厳密に言うなら、「他者を通して、他者においておいて、みずからの〈存在の意味〉を欲望する存在である」と。それは、欲求ではありません。そこで欲望されているものは、たとえば「水が飲みたい」とか、「お腹がすいたから食べたい」というように明白に対象としてあるものではない。そうではなくて、私は、私が「存在すること」の意味、もちろん、たんなる言語的な、辞書的な意味作用ではなく……。あえて究極的な言い方をしてみるなら、私が世界のなかでこのように疎外されてあるのではなく、私と世界が一致する、「私が世界となる」そのような存在感覚としての「情動的な意味」を欲望しているのです。

私は果てしなく他者を欲望する

こうして、実存とは、言語を通じて、他者との関係が構築されるその関係性のなかで、私が、他者を通じて「存在の意味」を欲望するような「存在のあり方」だ、ということがはっきりしてきます。

だからこそ、すでに触れている構造主義革命がなぜ――文化人類学や心理学と並んで――なによりも言語学と精神分析からの強い衝撃に誘導されていたのか、がわかります。そして、「意識」と「存在」という二つの次元のあいだの架橋・調停が、言語と欲望という二つの次元を通して試みられる。そして、そこでは、意識に対して無意識という領域が提起されたのです。

実存は私という意識において成立しているだけではなく、その意識は、構造的に、たとえばその裏側に、無意識という、私自身にはアクセスできないけれども紛れもなく私のものである領域を領していている。言語が孕んでいる「肯定」・「否定」あるいは「否認」という二分する作用は、ただ言語的意味としてだけではなく、実存を、存在論的に、「意識」「無意識」と構造化するのです。

それゆえに、私は、私がどのように「存在する」のか、みずから意識できない。そして、まさにそれだからこそ、私は果てしなく他者を欲望する、ということになります。

このような視点から、わたしには、精神分析の理論家ジャック・ラカンが提起した図式Lと呼ばれる四元の構造図が、主体がどのように他者との構造のなかで形成されるか、という実存の構造をとてもうまく集約しているように思われます。

毎度のことですが、とても乱暴な言い方をするなら、まさに「シニフィアン」signifiant（意味するもの）――「シニフィエ」signifié（意味されるもの）という言語学的な意味生成の対となる項の概念を援用しつつ、フロイト以来いわゆるエディプス・コンプレックスなどですでに示されていた、われわれの「無意識」の構造を明るみに出したラカン的精神分析の理論は、実存にその根本的な構造性を与え返すことで、20世紀の哲学にとどめを刺したのかもしれない。

「とどめを刺した」とはずいぶん物騒な言い方ですが、それは、哲学のあり方そのものを問い直すものでもあったということ。

精神分析が扱うのは、もちろん神経症あるいは精神病といった精神の病です。それは、単純なひとつの原因から病が発生するという線的な図式にはおさまらない、それぞれの症例がまったく特異であるような具体的な事例です。そうした症例の分析を通じて、精神分析は、そこに人間の意識・無意識を貫く一般的な構造を見出しました。

ところが、哲学のほうは、たとえば実存を問うにしても、哲学者が考える、普遍的な、あらかじめ一般化されているような「人間」から出発して論理を組み立てます。哲学は「特殊」から出発しない。初めから、普遍的な真理を探求していることを前提としている。だが、そうか?

なにしろ、問題は実存です。ひとりの人間が、現に、いま、ここに、存在するその仕方、つまり「私は実存する」の仕方こそ、まさに特異なのではないか。別の言い方をするなら、それぞれが、けっして一般性に還元できないくらいには——「異常」とは言わないでおきますが——特異なのではないか?

そして、一般性という観点からすれば、むしろ神経症・精神病の人々の極めて特異な症状のうちにこそ、かえって実存の一般的な構造がよく見通せるのではないか?

もし実存が根本的に無意識を構造化しているとしたら、哲学者は、いったい自分自身の無意識をどう考えるのか？　これまでのように、「意識」の範囲だけで、人間一般の真理を考えようとするのでいいのか？　これは、避けて通れない問題ということになるはずです。

すなわち、病的であるか否かにかかわらず、われわれの実存は、存在の「症候群」（シンドローム）syndromeとしてある。

別な言い方をするなら、実存とは――あくまでもある意味でですが――病なのです。そして、そのもっとも基本的な兆候は不安です。

本章の冒頭で述べたex-の接頭辞が示す「外へ」と疎外された「存在すること」を思い出してください。

「存在する」とは、コンスタントに時間のなかに「ある」ことであるはずなのに、その時間は不安定で、先が見えず、いったいなにが起るのかわからない。私が「いま、ここに、ある」ということが、その「現-」が、少しも「来るべき存在」を保証しない。

つまり、実存とは、本質的に、不安という情動においてである。その不安が、「私自身」が意識できる具体的な不安である場合は、一時的なもので問題はないかもしれないが、もしそれが、無意識に由来する、つまりその因果関係が抑圧されているような問題であれば、本人にも原因不明のまま持続し、ついには神経症として認知されるようになるかもしれない。

補足を加えておくなら、ここでは「神経症」(註5)と言っていて、「精神病」とは言っていない。おおざっぱに言うなら、フロイトの精神分析の中心にあったのが神経症、それに対して、ラカンは精神病の問題を深く考究しているのだが、いま、ここでは、実存という問題設定が、神経症的な症候群と対応していること、そして、それゆえに、フロイトからはじまる精神分析理論が、ある意味では、実存の構造解明の先端を走ったということを指摘しておきたいのです(この段階では「精神病」に関しては保留しておきます)。

ラカンの図式L

では、最初に戻って、そのラカンの図式Lとはどういうものなのか？

簡単に言うなら、それは、私という主体が、他者との関係のなかで、どのように構造的に構成されていくのか、を示す四項図式。しかも、この他者にも、いくつかの種類があって、大文字で書かれる「大他者」Autre、小文字で書かれる「他者」autre、しかもこの「小さな他者」aは、a'という「もうひとつの小さな他者」と鏡像のような対の関係に置かれていて、いろいろなヴァリエーションはありますが、

S（Es）「エス」（フロイトの局所論からの転用だが、「主体」Sujetという含意もある）。

a（moi）「私（小文字の他者）」

a'（a'utre）「小文字の他者の像」
A（Autre）「大文字の他者」

という四つの項からなる四辺形の図式となっています。

さらに、対角的に向かいあったaとa'とのあいだの関係が「想像的なもの」l'imaginaire、そしてエスと（大文字の）他者とのあいだの関係が「象徴的（記号的なもの）」le symbolique と言われている。

この図式は、ラカンが導入したもうひとつの重要な次元区分である、「想像界」l'imaginaire、「象徴界」le symbolique、「現実界」le réel の構成とも密接に連関しているので、ラカンは、われわれの実存が、そうしたまったく性質の異なる次元を結び合わせるある種の「結び目」（ラカンはそれをトポロジー数学から借りて「ボロメオの結び目」と言っていた）[註6] であることも提起したのでした。

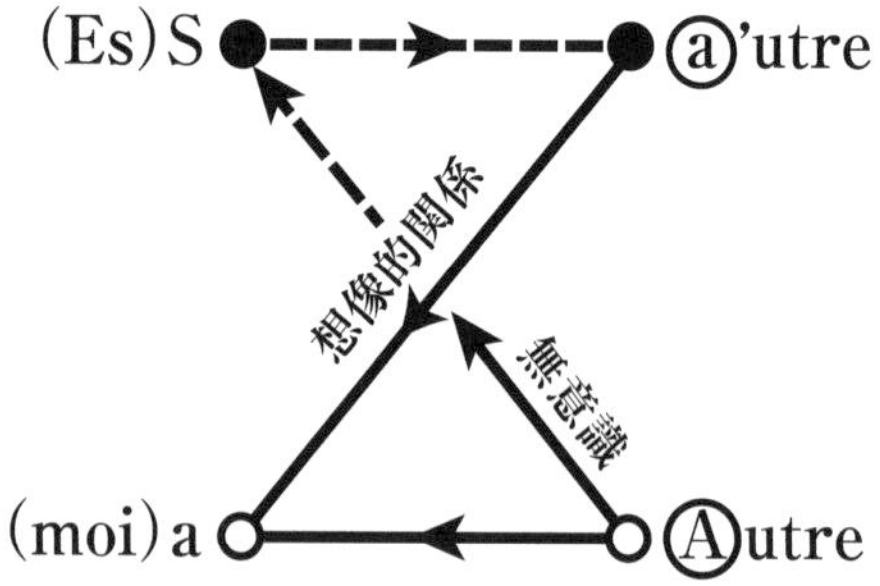

この図式Lは、ラカンの精神分析理論の中核をしめるものですが、それは精神分

析という領域を超えて、われわれの実存一般の構造を示すものでもある。それが画期的であるのは、私とは、私自身の「鏡像」、つまりまず自分自身の想像的なイメージを通して構成されており、その想像的軸に対して言語という他者との関係がいわば直交するように交差してくることで、今度は、いま、ここにある自分の身体とは別の「虚」の次元に、自分でありながら自分ではない「大他者」の場所を設定してしまうという驚くべき「秘密」を示唆してくれているのです。想像的なものと言語的なものとの交差を通じて、無意識の欲望が構造化されている。それがわれわれの実存だ、ということになります。

この図式Lには、○と●の区別や実線と破線の矢印など、とても多くのファクターが反映されていますが、わたしは、ここでそれらの詳細に立ち入ることはしません。そうするためには、精神分析学の全体を俯瞰する必要があるし、すでに述べたように、そうした構造が実際にどのように働いているかを、それぞれ特異な具体的な症例なども踏まえて論じる必要があります。それは、わたしのここでの仕事ではない。だから、わたしは、ラカンの精神分析を解説するのではなく、ただ、その衝撃をわたしがどのように受けとめるか、つまり、それを哲学的に変奏することをやってみたい。

なによりも傷つきやすい

精神分析から、わたしが受け取る知の贈与において、もっとも重要なのは、欲望ということ。つまり、「実存は欲望する」。

実存とは、欲望する存在である。しかし、この欲望は、必ずしもただ生命を維持するための欲求ではありません。欲望は存在に関わる。ただ、生命が維持されることを望むのではなく、みずからの「存在」そのものが、決定的な仕方で「なにか」に「なる」ことを、あるいは、みずからの「存在」に、決定的な仕方で「なにか」が到来することを、欲望する。

精神分析のコンテクストにおいては、欲望は、まずなによりも性的なものでした。

精神分析の最大の貢献は、性が、われわれの実存の根底にあることを示したこと。

それぞれの文化が、これまで無意識のうちに抑圧していた性の次元の決定的重要性を、太古から綿々と続いていたタブーを打ち破って、開示したのです。

これは知の革命でした。

つまり、われわれの実存の根底には性の欲望があって、それは、他者を欲望することとそのもの。そして、その他者を通して、みずからの「存在」の夢を現実化しようとする。それは、第一義的には、他者との交わりを通じて、みずからがそれである「種」という存在のあり方を保持すること。

つまり、自分の分身を生み出し、種族を存続させるという生物・生命の一般的な原理であるのですが、モデルニテという実存の時代には、それが、「種」という次元ではなく、あくまでも私という個的な実存の次元で発動されることになる。

簡単に言えば、実存にとっての最大の問題が恋愛loveとなる。恋愛とはただ単に生物学的に性的であるような関係を超えて、そこに私にとっての「存在の意味」が賭けられたex-（外へ）の運動となるわけです。そして、それこそモデルニテの時代にこれほど大量に生産され続けている小説をベースにした文学・芸術表現の存在論的根拠にほかなりません。

いずれにしても、重要なことは、われわれの「存在」のあり方が本質的に、性的なものであること、それゆえ、われわれは他者を欲望する。他者を通じて、みずからの本来的な「存在」に到達しようとする。実存とは欲望なのです。

そして、欲望とは、まずなによりも激しさであり、強度です。こう言ってよければ、それはエネルギーです。

欲望とは、われわれの実存が、ある種のエネルギーとしてあるということを示しています。「存在」はエネルギーだ。「ある」とは、エネルギーとして「ある」ことだ。

それは、必ずしも、物理学で「仕事をする能力」として定義されている概念とぴったり一致するわけではないので、むしろ「エネルギー」という語の語源であるギリシア語の「エネルゲイア」という言葉を用いたほうがいいのかもしれませんが、そうなると必然的に、この概念を駆使した古代ギリシアのアリストテレス哲学がフィード・バックしてくる。

もちろん、そこにある種の相応関係を見出すことも不可能ではないのですが、ここではそのような哲学史的展開には入りません。わたしとしては、ただ、われわれの実存は、欲望するエネルギー的存在として「ある」、ということをマークしておきたいだけです。

そしてさらに、欲望とは他者へ向かうエネルギーなのだけれど、同時に、他者から私へと向かう「負」のエネルギーもあることをここで明記しておきたい。私が他者からの欲望の対象となる場合、私もまた他者を欲望するのなら、二つの欲望が溶け合って、弁証法的に、それぞれの存在の限界を超えるような存在経験（「陶酔」エクスタシーですね）を得られるのならいいが、逆に、私がその欲望に同一化できない場合には、それが、端的に、暴力となる。そして、私は、他者のエネルギーによって傷つけられる。忘れてはいけない、実存とはなによりも傷つきやすい存在なのです。

可傷性 vulnérabilité、それは、たとえば「意識」が問題になるときの受動性とは必ずしも同じではない（いや、「受動性」は、哲学において現象学的なポジションをとった場合の、ある意味では、究極の問題設定でした）。私の「意識」が、時間のなかで現象する世界を、そのたびごとに受動するというのではなく、私の実存が、他者たちとの絶えざるエネルギーのやりとりを通じて、傷つき、しかし、その傷を通して、自己組織化していくということです。

そして、それは、実存が、本質的に、情動的であるということを意味しています。他者に向かう欲望（そして「夢」）、他者から受ける「傷」、そうした相互的な関係を通じて、「存在」するというエネルギーが、それぞれ特異な仕方で構造化される——それが、実存です。実存は、そのつどの他者（先ほどのラカンの図式Lに見られたように、「私（自己）」も、また「他者」のひとつの項だということを思い出してください）との関係を通じて、あるいは「興奮」、「高揚」exaltationとして外へと拡散し、高さへと昇っていき、あるいは逆に、「消沈」、「抑鬱」dépressionとして閉じるように、内へと落ち込んで行きます。情動とは、そのように「存在のあり方」にみずからが反応している状態です。

エネルギーとは、なかなか不思議な概念です。その言葉が広く用いられるようになったのは、もちろん物理学においてですが、そこでは「仕事をする能力」と定義されています。すなわち、それは、物体と物体のあいだの相互関係において現実化する物理量です。つまり、同じ物体でも、それが地上に「ある」のか、地上10メートルに「ある」のか、によってそのポテンシャル・エネルギーは変わってくる。

それは、物体の「ある」にかかわっている。そして、その究極として、1907年にあのアインシュタインの特殊相対性理論によって提起された

$$E = mc^2$$

つまり物体の質量がエネルギーと等価であるという革命的な公式によって、質量とい

う物体の根源的な「ある」が、そのままエネルギー以外のなにものでもないことまで明らかにされたのでした。物理学的に言えば、「存在する」とは、とりもなおさずエネルギーということなのです。

そして、それとパラレルな仕方で、ここで、わたしは、実存を、本質的に、エネルギー的なものと考えようとしているわけです。

しかし、もちろん、物体とは異なって、われわれの実存のエネルギーは、物理学のように一元的に熱量（ジュール）という単位に還元できるものではない。あたりまえですが、実存は私の体重（質量）の問題ではなく――「心」と言ってもいいのですが――その情動的な状態が絶えず変化・変容する、症候群的ダイナミズムとして「ある」のです。

それが、可傷性ということでもある。にもかかわらず、それは、必ずしも意味に、つまり言語が規定するような意味には、還元されない。高揚、幸福、喜悦、陶酔……ひるがえって、悲嘆、悲哀、苦悩、絶望……あるいは、不安、無気力、静穏、無気力……さまざまなカテゴリー分けは可能ではあるが、それぞれの情動の特異性はそうしたカテゴリーにはけっして還元されない。

それぞれは、まさに、時間のなかにあり、「存在の時間」として揺れ動いている。

だから、強いて隠喩的に言うならば、音楽的である。われわれの実存は、無数にあるそれぞれの曲が全部異なっていて、しかも「同じ曲」ですら演奏の度ごとに違ってくる、そのような音楽的エネルギーとして「ある」（そして、きっとそれだからこそ、モデルニテの時代は、なによりも音楽の時代となった。すなわち、この時代、人間は、「神」のものであった音楽を、個人の実存のほうへと取り戻し、その結果、いまでは、誰でも常時、イヤホーンを耳に差し込んで街を歩いているということなのかもしれません）。

実存はつねに歌う

　こうして精神分析から出発して、欲望する存在としての実存が、他者との関係を通じて、情動的な、強いて言えば、音楽的でもあるようなエネルギー的存在として「ある」ことを強調しました。

　実存するということは、たとえば物体がそこにあるように、世界内に位置しているということではなくて、その実存そのものが、情動として絶えず揺れ動き、それぞれ固有のリズムをもち、特異な「旋律」を歌いあげている。実存は歌う。たとえ、悲しい悲哀の歌であれ、苦しみの絶叫であれ、あるいは、恍惚とした陶酔の歌であれ、――もちろん、それが、現実的に「音楽」として現れるかどうかは別の問題ではありますが――つねに、歌っているのです。(註7)

しかし、実存はそれでは完結しない。いや、音楽が、それ自体まさに、「限りなく遠いもの」、「いま、ここに現前していないもの」、「けっして得ることのできない存在」等々への終りなき呼びかけでもあるように、じつは、実存も、「いま、ここ」という現在の時間を超えて、目の前にいる、たとえば性的なパートナーである他者を超えて、現前していない、けっして現前しないのかもしれない他者を欲望する。そこに、実存の究極の問題があるのです。

先ほどの、ラカンの図式Lには、「大文字の他者」Autreという項がありました。大文字は、フランス語の慣例によれば、なによりも「神」Dieu のように特別の力をもつ存在をマークしています。

すなわち、言語を通じて組織化される実存の存在構造においては、私とほとんど対偶的な関係にある「神」のような「大他者」が、必然的に、くりこまれることを示唆しています。もちろん、実存の時代とは、まさに西欧において、そうしたキリスト教的な、一神教的な文化の拘束が瓦解した（「理性革命」ですね）時代です。

しかし、瓦解したとはいえ、すでに述べているように、構造は残存します。

人間は、言語共同体のなかに生まれ落ちてくる。そして、言語を通じて、その意味の構築を通じて、私という自己を組織します。そのときに、私の対偶にあるような

「大他者」の次元が、実存の構造として、インストールされるというわけです。

ここでは、ラカンがどのようにこの「大他者」なるものを措定《そてい》するに至ったか、を検証したりはしません。それは、精神分析の理論家に任せましょう。でも、この図式Lは、わたしには、言語を通して、言語に鋳込《いこ》まれるようにして構築される人間の実存が根源的に「信」の構造を免れないことを端的に示しているように思えます。ここで、注意しなければならないのは、ここで言う言語とは、そのもっとも原初的なダイナミックな関係性において言われているということ。

すなわち、たんなる三人称的な意味・情報の伝達ではなく、あくまでも、一・二人称的な関係、しかもそこでは私に先立って二人称的な「汝」が存在し、その「汝」が意味することを私は「信じる」ことによって受けとめ、しかもそうすることによって、私が事後的に私なるものを形成していくということなのです。

私は、はじめから「ある」のではなく、まるで鏡に映った自分のイメージを私であると認識して引き受ける（これがラカンの言ういわゆる「鏡像段階」です）と同時に、言語を通じて、今度は、象徴的ないし記号的に、私を形成する。鏡には、イメージとしての身体が映っていたのだが、象徴＝記号的にsymboliqueには、私の――今風に言うなら――アバターのような他者が、ある種、幻想的に措定され、そのけっして現前していない他者こそが私に「私」という意味を与えてくれている、そしてそれだから、私はその「大他者」をこそ、信じ、求め、欲望するということになる。「大他者」を「アバター」にしてしまったのですから、かなり乱暴な逸脱であることは間違いありません。だが、わたしとしては、実存が、なによりも信の構造に貫かれていることを言明できればいいのです。

そして、その信が、たとえばキリスト教という一神教の共同体のなかに完全に埋め込まれ、囲い込まれているような場合には、個々の私を軸にした実存のそれぞれ特異な構造は明らかにはなりません。

共同体的な信という土台が揺り動かされることによって、はじめて信が、個々の実存の問題となるわけです。もちろん、それをニヒリズムと言ってもいいのですが、それは、「信じない」と言明することを通じて、よりはっきりと信の構造を明確化するのでもある。

いや、それどころか、以降、「大他者」の項は、なにも一神教的な絶対の「神」によって充塡される必要はなくなって、自由に！　私が信じる「(大) 他者」を組み込むことができるようになる。

じつは、ニヒリズムとは信の解放なのです。

それゆえに、この時代、さまざまなイデオロギー、さまざまなオカルティズムが、一挙に噴出することになる。「大他者」の項に、一神教的な「創造主」としての「神」ではなくて、「人類」を繰り込むこともできるでしょうし、あるいはもう少し縮めて「民族」とか、さまざまな「部族的なもの」、「結社的なもの」を仮託することもできる。実際、テロリズムを含めて、われわれが毎日ニュースを通じて接する――国内であれ国外であれ――数々の暴力的な事件の背景には、必ずと言っていいほど、それぞれ独特な仕方で形成された、強固な信をうかがうことができます。

たとえば極端な例を挙げるとするなら、自爆テロのようなケース。みずからの存在を「犠牲」にしつつ、「大他者」への信のために、現実的な他者たちを殺害する。ここに、わたしは、実存のもっとも極限的な発現形態が読み取れると考えます。そこでは、実存が、極限的には、「死」という――他者のであれ、みずからのであれ――「存在」の限界をぶち破ろうとするものであることがはっきりと示されている。実存はヤバイ。実存は、一方では、弱く、傷つきやすく、惨めなのだが、しかし他方では、それゆえに圧倒的に危険でもある。なぜならば、その「信」という根本的な構造に従って、それは、時には、あらゆる現実的な限界を超える方向へと、みずからの「存在」のエネルギーを励起《れいき》するからです。

死は世界の「外」

こうして、われわれの議論は、とうとう死という実存にとっての最大最深の問題に到達することになりました。

実存は死によって限界づけられている。実存とは、自分が死ぬことを知っている存在であり、死へと運命づけられている存在です。

誰もが知っているように、実存ははかない、死によって裏打ちされている。そして、私は、私の裏側である死を直接に見ることも認識することもできない。私は自分の死と向かい合うことはできないが、しかし遅かれ早かれ、私が「死ぬ」ことはわかっている。それは、来る。しかし、それが私にとって、どういうことなのか、私にはまったくわからない。それは、人間にとっての最大のミステリーであり、謎。

もしわれわれの存在が永久に続くものであり、死がないならば、おそらく「存在とは何か？」などという問いは浮上しないでしょう。

そんなことを問う必要がない。でも、われわれの実存は死ぬさだめであり、そのことを私は知っているのです。知っているからこそ、私は、私のこの「存在」が、死という限界を超えて、意味があるのか、と問わないではいられない。それが、「存在とは何か」という問いの核心です。

死は「ある」の否定です。いままで生きて、現に、そこにあった存在が、死ぬと、もう存在しないことになる。死は、その意味では、世界の「外」。

この世界のなかには、「死そのもの」は現前しない。ただ、いままであったもの、現前していたものが、突然、消えていなくなる。極論すれば、それが――まったくあたりまえのことなのですが――生命の真理です。

生命である以上、いつか死ぬ。毎瞬間ごとに、多くの虫たちが、動物たちが、魚や鳥たちが、あるいは植物たちが、さらには細菌たちが、死んでいきます。このものたちは、きっと「存在とは何か？」などと問うたりはしない（と思います）。

だが、人間はそうではない。人間は、ほかの生物とは違って、言語を通じて、世界の中に、みずからの世界を構築している。それが「歴史内存在」ということ。世界のなかに直接に存在しているのではなく、言語を通して構築した歴史的文化的意味の世界のなかに実存している。

そして、すでに指摘したように、言語とは、なによりも、いま、ここに現前していないものを意味として構築する。しかも、その「否定」を通して、「存在」の「否定」にすら意味を与えることができる。「ないもの」を意味としてすくいあげることができる。

そうすることによって、どんな人間の文化も——原始的であろうが、近代的であろうが、今日的であろうが——言語によって神話的、想像的な世界を構築していて、人々は、それを「信じている」。われわれの世界はそのような信の上に成り立っているのです。

すなわち、信によって、われわれは、「存在しないもの」に「存在」を与えることができる。「いままで生きて、現に、そこにあった存在が、死んで」も、たしかに「もう存在しない」のだけれど、しかし、それが、ある意味において、別な仕方で、「存在する」ことを「信じる」ことができる。

そして、その構造を、自分自身に適用することによって、自分自身が死を通過することによって、自分の実存に意味を、いまのままではけっして得られないであろう「強い意味」を、「本質的な意味」を与え返すことができると「信じる」ことすらできるようになる。

「死」という限界を超える方向に「存在」のエネルギーを励起することによって、私に意味を与え返す――じつは、それこそ「犠牲」の論理です。

信の構造は、反転すれば犠牲の構造となる。犠牲の論理を組み込むことによって信は強固になる。その犠牲者が他者であるのか、自己自身なのか、その区別を超えて、人間は「存在の意味」へと跳躍しようとするのです。

犠牲とは、前に述べた言葉で言えば、それもまた贈与です。「与えること」、より正確には、「捧げること」。そしてそれは、究極的には、なによりも――自分のであれ、他者のであれ――生命を捧げること、つまり供犠《くぎ》へと極まります。

乱暴に言ってしまえば、これこそ、人類の最強の論理です。人類は、生命でありながら、「死」という本質的な限界を超えるために、「信」を通して、「生命」そのものを「犠牲」にし、「供犠」することを、文化として組織してきた生物種であるということ。

われわれ人類は、つねに、なにか来るべきもののために、身命を賭し、生命を捧げて、みずからを「犠」する存在を崇め、祀ってはこなかったでしょうか。オペラにしろ、浄瑠璃にしろ、歌舞伎にしろ、ドラマのクライマックスをつくるのは、つねに、なにものかのために、他者のために、崇高な目的のために、みずからを「犠牲」にするべく死んでいくヒーロー・ヒロインたちではなかったでしょうか。そして、その存在に感情移入することで、われわれは劇的な陶酔を覚えるのではないでしょうか？「存在」はエネルギーとして「劇」を求める。その「劇」とは、たとえ死ぬとしても、しかしその「死」が、「存在の意味」を与え返してくれるという信の「劇」を欲望するものです。

　そうであるとすれば――筆が滑るまま、通りすがりに指摘しておくだけですが――キリスト教（あるいはもっと広くユダヤ教・イスラム教まで含めて「アブラハムの宗教」と言ったほうがいいのかもしれませんが）こそ、その人類に特異な信の構造を極限にまで推し進めて構造化した最強のものであったことも理解できるかもしれません。

　なにしろ、イエスを、人類全体の「犠牲」として設定し、さらにそこに創造主としての絶対神と人類そのものの「終末」までを組み込んでいるのです。神による世界の創造という起源から、その終末まですべての時間を組み込んで、最終的に、そこに「救い」を設定する……そして、そのために、人間の根本的な「存在」の在り様を、なによりも「罪あるもの」、つまり「原罪」と設定しました。

その人がなにかこれこれの悪しき行為をしたという罪ではなく、あくまでも、「存在」そのものが、原理的に、罪であるという論理。その根源的な罪が、「神」という「大他者」によって――いますぐではなく、すべての時間の終わり、「終末」において――赦されるというわけです。

そして、けっして論理的に検証することができない、まさに存在論的以外のなにものでもないこの論理の実証として、イエスの「死」が、その聖なる「犠牲」として召喚された。キリスト教という「信」が形成されたのです（なお、余計なことですが、わたしは、イエス自身は、そのようにして後に「キリスト教」と呼ばれる宗教として形成された「信」とは違った、それからずれた「信」を、過激に、生きたと考えています）。

信という欺瞞

いずれにしても、わたしがここで強調しておきたいのは、「存在」という問題はとても深く信の構造に根づいていて、まさにその強固な信の構造が歴史的に揺り動かされたからこそ、「存在とは何か」という哲学的な問い、つまり宗教的ではない回答を暗に求める問いが提起されるようになったということ。

「存在とは何か」という問いを考えるには、どうしても、そうした歴史的な文脈を無視することはできません。まさに、現代とは、キリスト教のような強固な信の構造が崩れかかって、「ニヒリズム」と呼ばれるような時代に突入し、それだからこそ、各人が、それぞれの仕方で、みずからの「存在の意味」を求めて「存在とは何か」と問い始めている時代です。

それは、ニーチェの言葉を再度、持ち出すなら、「神は死んだ」と言われる時代、つまり「神」は「死んだ」ので、われわれは、各自、その替わりをみずから自由に設定できるし、しなければならないという事態です。それこそが実存ということにほかなりません。

なにしろ、ニーチェのこの「神は死んだ」は、――ただ「神」が存在論的にいないと言っているのではなく――「神」という本質的に「死」を超えたものであるべき存在に関して、それが「死んだ」と言っているわけです。「大他者」が死んで、われわれと同じような「小他者」になってしまったとでも言わんばかり。しかし、その論理は、逆転すれば、われわれ死すべき人間もまた、「死」を引き受けるなら、ある意味で、「神のような存在」に「なる」ということでもある。われわれもまた、「死」を超えて存在できる――強いて言えば、それこそが、英雄であり、ヒーロー・ヒロインとなるわけです。

そして、各人それぞれが、そのように、「存在の意味」を求める実存の劇を、より強度が高まる方向へ、みずからの死すら超えて――自己犠牲をものともせずに英雄的なまでに――追い求める。それが、昨今、日々のニュース報道でもとくに頻発するようになったことが感じられる、無差別殺戮や自爆テロなどの極度に暴力的な「(自己を含めた)供犠」の事件の核にある信の構造にまでつながっているのではないだろうか、と思うのです。

信は、もっとも根源的な実存の構造でありながら、それゆえに、ある意味で、とても危ない。実存の本質的な弱さ、脆弱さ、可傷性を超えて意味を打ち立てようとして、しかしそのとき、私を超えるものとして求めた（想像的＝象徴的な）他者が、まるで罠のように反転して、私を「意味の欺瞞」のなかに閉じ込めてしまうということもある。

信とは、本質的に、裏を返せば、欺瞞です。自己が自己にかける欺瞞、サルトルは『存在と無』のなかで、それを「自己欺瞞」la mauvaise foi（フランス語を直訳すれば「悪しき信」ですね、その反対のla bonne foi「良き信」は「誠実」という意味になります）と名付けて、一方の口から入ったら、本人が自覚しないまま、ぐるりと回転して他方の口から出てくる、その二重拘束的な「回転扉」のような構造を明らかにしています。

私の「存在」の意味を、私には見ることも触れることもできない、幻想的な「（大）他者」との関係のうちに求めることによって、私は、私の「存在」を分裂させてしまうのではないか、とサルトルは問うたのでした――（これも「自己欺瞞」ということになるのか、本稿では、原則的に、他者の文章を引用しないというわたし自身の原則を裏切って、ここに引用することをゆるしていただければ）、サルトルは次のように言っていました――「自己欺瞞のうちには、シニックな虚偽もないし、虚偽的概念の巧みな準備もない。しかし自己欺瞞的な最初の行為は、自分が逃れえないものを逃れるためのものであり、自分があるところのものを逃れるためのものである。ところが、逃避的な企てそのものが、自己欺瞞に対して、存在の内的な分解をあらわにする。自己欺瞞がそれでありたいと思うものは、かかる分解である（註8）」。

結局、わたしは、同時に「信」であり「自己欺瞞」であるような「みずからの存在」に――死という限界を超えてまでも――意味を与えようとする欲望の構造こそが、私の「自由」に根づいた実存の本質的な構造であると言いたいわけです。

そして、言語なるものを通じて、自分自身も、そしてまた世界をも形成していく定めである人間は、そうした「存在の意味を求める欲望」を逃れることはできない。いや、それどころか、こうしていま、わたし自身が、おぼつかない足取りで、しかし乱暴な性急な仕方で、実践している哲学なるものこそ、そうした「意味の欲望」のもっとも端的な表現にほかならないのかもしれません。

賭けという装置

宗教や、その他の信の体系を単純に受け入れ、それに依存することができなくなった人間が、それぞれの実存から出発して「存在の意味」を、「存在の真理」を、求め、欲望する――それこそが、じつは、哲学と呼ばれる営為ではないか？　哲学こそ、神なき信そのものかもしれません。となれば、それもまた、「自己欺瞞」の構造を免れないのではないのか？　面倒くさいですねえ……だが、このような（構造的に決定されているかもしれない）「欺瞞」への懐疑をまったく抱くことがなく、天真爛漫に哲学を実践するとしたら、あまりにナイーヴすぎないか？　それでは、20世紀の哲学を少しも学んでいないことにならないか？

でも、すぐに付け加えておかなければいけないのは、このように本質的な自己欺瞞の構造に言及すれば、それから逃れられるわけではないということ。そうしたところで、ただ、論理的な階層をひとつ上げただけの二重化された自己欺瞞になるのかもしれない。この欺瞞は、なによりも「存在」に意味を与えようとすることに由来します。意味を求めなければ、そんなことは起こらない。では、存在にとって、意味とは何なのか？　ということになる。

もちろん、この意味は、なによりも来るべきものです。

先ほどのサルトルの引用で言われていた通り「自分があるところのものを逃れるためのもの」なのだから、いま、現に、ここにあるのではなく、未来において、自分の「ある」において、起こるべきこととなる。それは、すでにどこかに「ある」ものではなくて、やって来ること、やって来る世界としてあるのでなければならない（そこに、「メシア的」という言葉が、現代の哲学の文脈で使われる理由があります）。

「存在の意味」は、本質的に「来る」という意味で時間的である。私がこの世界にこうして根源的な不安に貫かれて、苦しみのなかに置かれて「ある」という実存的存在から救われ、解放されること。しかし、もはや、われわれは、その救済が歴史的時間の終末において、人類全体に起こることを、信じて待つことはできない。

私の実存の意味を、もはやそのように普遍化された人類の終末に預けることはできないのだから、私が私という個別的で、特異な「存在」であることにおいて、つまり、現に「私が私として存在している」この実存において「私の存在の意味」が来るのでなければならない、ということになります。すなわち、この歴史的世界において、私の死の前に――あるいは死とともに、でもけっして死の後ではなく――意味が到来することを欲望する。

しかし、「救い」を保証していた「大他者」(「神」)がすでに死んだのだとしたら、その意味は、結局、自分で勝ち取るしかありません。

つまり、実存という信の構造は、そのまま闘争の構造となるしかない。未来において意味を勝ち取る――それが闘争です。実存が、意味を求める闘争装置となる。私は他者と闘い、そして勝つことによって、私の「存在の意味」を得る。ヘーゲルの哲学が、歴史のダイナミズムの根底に見出した弁証法という論理、それは、「自」と「他」の「綜合」として、新しい現実が生まれて来るという歴史の論理だったわけです。

実存は、歴史的な存在として、本質的に闘争的であり、その闘争を通じて「来るべき意味」を欲望するということになる。

しかし、闘争という以上、必ずしも「勝つ」とは限らない。当然、「負ける」こともある。いや、勝ち負けそのものが、偶然に委ねられるかもしれない。ということは、もはや「神」の意志ではなく、根拠のない、ただの偶然が結果を決定するかもしれない。それこそが、まさに正確に、実存の本質としての「自由」に対応する、世界の本質としての時間のあり方ということになる。

つまり、賭けです。賭博です。パスカルが「神があるか、またはないか」について「神」つまり「無限」に賭けて失うものはないと言ったあの賭けです。そこでは、「神への信」が賭けの対象になっていました。まさに「存在の意味」、「世界の意味」が、賭けという装置あるいはゲームを通じて、語られた。信が賭けの賭金となったのです。わたしとしては、それ以降、モデルニテの時代に、文化のさまざまな分野で、賭けないし賭博という一見すると瑣末に思われる主題が浮上してくる様を丁寧に跡づけたいところですが、ここでは、その余裕はありません。

いずれにしても、この「闘争―賭博」という自己欺瞞的実存装置が、宗教的な基盤に根づいてもいた強固な信の構造に取って代わることになる。そして、資本主義の時代となる、と言うのはあまりに乱暴な言い方ですが、基本的には、そして戯画的に言うなら、そう推移する。なぜなら、資本主義の原理こそ、――あくまでも「自由市場」という場においてですが――来るべき価値の増大に向かって、自分が所有する価値を、賭博のように投機＝投企することだからです。

beはhaveに置き換えられた

もちろん、この資本主義という自由な欲望の市場《マーケット》機構においては「存在」が問題になっているわけではない。「存在」beは「所有」haveに置き換えられています。

「存在」の意味を問うのではなく、所有する価値の増大が問題になっている。だが、そうでしょうか。じつは、そこで賭けられ、投企されているものは、ただ、その個人にとっての資本の増大だけではなく、それが、「市場」という場を通して「公共的な意味」をもつもの、どのような形にしろ、未来の世界を形成するだろうことが望まれている事物（商品）です。

つまり、意味は、所有する価値を、一挙に、短い時間のうちに、賭けることによって得られる、そしてそうして得られた価値をまたしても次の意味へと投資することによって、「進歩」という——キリスト教的な「終末」ではなく——無限に循環する価値の回転という意味の発生装置が機能することになるわけです。それぞれの賭け、あるいは闘いの意味は些少です。

それは、「存在」には届かないかもしれない。しかし、それは、多くの人々を巻き込んで、無限に続いていく。しかも、ここで言う価値とは、単純に、金銭的な価値です。それ自体には意味がない、ただ数的に大小が決定されている数直線上の値にすぎません。だが、それは、この世界に存在する極めて多くの事物（人間までを含んで）と交換可能となるような、その意味で、さまざまな意味と交換可能となるような価値なのです。

つまり、意味が（金銭的）価値に置き換えられたと言ってもいい。

しかも、その価値は、一度決まったら変動しないのではなく、絶えず変動し続ける。そして、資本主義は、その変動をこそ意味に変えようと欲望する。それは、あたかも「意味」に対して、「価値」という微積分学を導入したかのようなのです（ライプニッツへの遠いオマージュです）。

欲望は、とうとう「存在」beではなく、「所有」haveの欲望に置き換えられてしまった。しかし、「所有」物は交換可能かもしれないが、私の「存在」は本質的に交換不可能ではないのか？　とすれば、この資本主義の体制においては、私の「存在の意味」は、最終的には担保されないのではないか――そのような疑念が立ち昇ってくるのは当然です。

それだからこそ、このモデルニテの時代において「存在とは何か」という切迫した問いが提起されるということになる。そして、それに対する応答が、なによりも「存在」以外のなにものでもないものに向かったのは必然だったと言ってもいい。すなわち、民族。「私は日本人である」――これこそ、私という存在の明白な規定ではないか。「存在の意味」を問い、それを求めていながら、それに触れないですますわけにはいかない。

私は一個の実存として生きているのだとしても、その私の存在の第一規定は、なによりも私がいかなる民族として存在しているかではないのか。存在とはまずは、この身体として、しかも、ただ世界を知覚する意識としてではなく、まさに、民族的な「血」を受け継いだ身体として「ある」ということではないのか。

言うまでもなく、「私は日本人である」という規定は、ただ民族としての存在様態を意味するだけではなく、日本という国家の国籍をもち、そこに帰属しているということを意味してもいます。つまり、「私は日本人である」というタイプの存在規定は、国家と民族とによって二重化されており、それこそが、モデルニテの時代の世界史的現実です。

その二重化から出発して、民族のうちに「存在の意味」を見出そうとするなら、必然的に、二重性という曖昧さを消すために、他の民族を抹消し、その犠牲を通して、みずからの意味を確立しようとする動きが起きてくる。その欲望・衝動が、どのように激しく、われわれの近現代史を貫いているか、悲惨な事例の数々をあえて挙げるまでもないでしょう。

「存在とは何か」という問いは、こうして民族という、具体的で現実的でありながら、それ自体が時間的な連続性に基づくものであり、すぐれて象徴的でもあるような存在形態の意味に回収されてしまう。民族こそが「存在の意味」だということになる。そして、それが、激しいエネルギーの励起を惹き起こす。

その極限に「アウシュビッツ」が到来する。『存在と時間』を書いて「存在の哲学」の先鞭をつけたハイデガーが、その後、ナチズムに接近する——それは、20世紀の哲学史におけるひとつの大きな徴候的な問題ですが、それを、単純に、ハイデガーの踏み外し的な過誤と片付けるわけにはいかない。

すべてが交換可能な市場原理が支配する時代に、「他」と交換可能ではないみずからに固有の「存在の意味」を求めようとする欲望は、間違いなく私がそれでありながら、しかし断固として私を圧倒的に超えている、象徴的にして、しかも現実的でもある「民族」という「存在の意味」へ燃え上がるようなエネルギーを注ぎこむことになった。

そしてそのエネルギーは、「他」を「犠牲」として虐殺するという「供犠」を行なう集団的な「陶酔」にまで至るわけです。そして、誰もが知っているように、このような信は、21世紀の現代においても、少しも衰えてはいない。

多数者としての「われわれ」を求める

もうひとつ、モデルニテの時代において突出したのが共産主義というイデオロギー。こちらは必ずしも「民族」ではなく、資本主義体制のなかで疎外されている労働者あるいは「プロレタリアート」という実存的存在が、革命という闘争を通して「存在の意味」を主体的に奪い返すという思想。ヘーゲルの歴史の弁証法から出発して、それを反転させて、実存が、みずからの疎外的状況を、闘争的な連帯性を確立することで、乗り越えていくという実践的な信と言ってもいい。

それは、ある意味では、たとえばキリスト教的な終末論を、反転させて、原始共産制という、歴史の「起源」を、ひとつの夢、つまり理想的な「終末」として設定することで、資本主義的な体制が押しつけてくる「疎外」状況を革命しようとしたということ。

しかし、疎外されたそれぞれの実存のあいだの水平的な「連帯」という極めて重要な理念を生み出したとはいえ、これは現実においては機能せず、結局、これもまた支配装置としての国家という「大他者」を強大化、暴力化させることになってしまった。そこでも、その信に従わない他者を、強制収容所に閉じ込めてその「存在」を抹消し奪うという「供犠」の構造が貫徹することになったのです。

いや、またしても近現代の歴史のもっとも重要な、同時に、もっとも悲惨な出来事群を、わずか数行で要約するというとんでもない乱暴になってしまいましたが、わたしがここで強調したいのは、「存在とは何か」という問いがどれほど危険な問いでもあるか、ということ。

つまり、「存在」に意味を与えようとする問いこそ、まさに、多くの人々を巻き込みながら、近現代の歴史を、根底において、動かしている動力（エネルギー）でもあるのではないか、と。民族主義、ファシズム、共産主義……そういった政治運動の根本には、みずからの「存在」に超越的な意味を与え返そうとする実存の激しい欲望があったのではないか。そして、その欲望は、個としての実存ではなく、必ずや、多数者としての「われわれ」を求め、そうすると、それは、最終的には、もはや「神は死んだ」のだから、「国家」あるいは「民族」という「もうひとつの大他者」を要請しないわけにはいかなかったのではないか。

こうなると、「存在」にとって「国家」とは何か？　という問いが、あらためて提起されるかもしれません。つまり、私という実存が意味を求めようとすると、必ず「われわれ」という集合体・共同体を欲望することになり、それは、ある場合には民族へ、ある場合には国家へと収斂《しゅうれん》していくことになる。

そうなると、私という実存的存在にとっては、その「存在の意味」は――それがどのレベルで、どのように規定されるのかを問わず――「われわれ」という、私を含みながら私を超えた「われわれ」、しかも来るべき「われわれ」のうちに求められるということになる。

だが、「われわれ」とは誰か？　――言うまでもなく、それは、はじめからそのように存在しているわけではない。言語的に言っても、それは、私によって、その度ごとに、構成されるもの。私は存在する。あなたは、私が呼びかける相手として存在している。だが、「われわれ」は、場合によっては、私とあなたであるかもしれないし、また、私とあなたを含まない人々の集合のことかもしれない。私とあなたを含んで、さらに多くの他の人々が含まれる集合かもしれない。つまり、「われわれ」は、あくまでも私が「われわれ」と言うことによって形成される。言い換えれば、私が、意味を通して「われわれ」に「存在」を与えるのです。

結局、実存は、「われわれ」を欲望する――そう言ってもいいかもしれません。その「われわれ」が、私とあなたの恋愛の陶酔状態なのであれ、あるいは、最終的に国家や民族に、あるいはそれ以外のさまざまな集団組織に回収されるのだとしても、来るべき「われわれ」を欲望し、その意味に向けて存在のエネルギーを励起していこうとする、と。

私は、私という一人の個にして孤の存在に耐えられない。そして、その個＝孤の存在をつねに「われわれ」のほうへ、「（誰かと）共にある」存在へとみずからを開いていこうとする。それこそが、「存在の意味」を求めるということなのだ、と。しかし、そうなると、結局は、それは民族とか国家とか、あるいは、部族でも会社でもいいのですが、すでに現実的に確立されているような「われわれ」に帰着してしまうことが避けられない。そして、「われわれ」は、つねに「われわれではないもの」という「他」との対立関係において成立するものである以上、結局は、まさに弁証法的とも言うべき闘争（＝犠牲）関係を免れない。

「意味そのもの」を問う

もちろん、そのような共同体への信そのものを解体あるいはディコンストラクション（脱構築）しようとする思考の試みもあって、究極的には、その成員になんらかの仕方で法を課してくるような共同体に回収されない「共にあること」、たとえば友情・友愛のような、まさに確固とした共同体を形成するのではない「共同体なき共同性」をひとつの希望の地平として開こうとする思考の努力もある。

それは、民族主義や国家主義という「われわれ」の方向に実存の意味を求めることがどれくらい危険であるか、を身をもって知ってしまった哲学が、それでもそれぞれの実存において「共にあること」を、希望として、確保しようとしたのだと言ってもいいかもしれません。

欲望ではなく、希望。確固たる現実的な意味ではなく、つねに来るべきものとしての意味。それは、ほとんどもう「われわれ」と言うことが不可能になるような、「われ」と「われ」との接点、その「われ・われ」という言い難い「・」、あらゆる意味の手前にあるような、しかしそこからあらゆる意味が生まれてくるような名付け得ぬ関係「・」に存在の希望を見出そうとする哲学。

具体的には、たとえばジャン＝リュック・ナンシーの哲学などのことを考えているのですが、むしろこれは、時代的にわたしのフランス現代哲学の学びと重なるので、わたし自身の思考の傾きでもあります。

すなわち、実存というすぐれて「存在の意味」への欲望であるものを、しかしその意味がすでに構造的に決定されているような「われわれ」の意味ではないような開けへと導くこと。「意味そのもの」のディコンストラクションということになります。

論理が少しややこしくなってきていますが、それもそのはずなので、「存在とは何か」という問いが問われるとしたら、まさにそのように「意味そのもの」が問題にならないわけにはいかないからです。

「存在とは何か」と問われて、「はい、存在とは……です」とストレートに意味を教えるという態度はとれない。なにしろ、「存在」とは、まずなによりも「存在とは何か」と問うものだからです。問うて、その答えを、ただ知的に理解するというのではなくて、みずからの「存在」として引き受けるものだから。

それを、少しばかり遊びに走って、禅問答風にまとめるなら、次のようになるかもしれません。

問う、「存在とは何か」

答えて曰く、「存在とは何か、だ」

とすれば、こうして「存在とは何か」が問われる歴史的な文脈をざっくりと通観することを試みてきたわけですが、最後に、じつはこの問いが密かに、つまり無意識のうちに求めている最終的な応答可能性に触れておかないわけにはいかない。

それは、今度は、意味を、「われわれ」の手前にあるものではなく、逆に、「われわれ」を超えるものの方向に求めること。それは、結局、意味を超えるもの、つまりは言語という意味の体制を、本質的に、超えるものという方向性。一言でいえば、「存在の意味は、あらゆる意味を超えるものである」、一言でいえば、「存在は神秘である」という神秘主義。

ある意味では、これが最終回答です。ある意味で、これが「正解」です。

「存在とは何か」／「無！」

つまり、「存在とは何か」、この問いに対する解は、言語あるいは論理によって構築される意味の体制のなかにはない、ということ。言語的な論理は、そのことを指示することしかできない。つまり、論理の限界にまで行き、そこで「ここから先はもはや言葉では追えない」、あとは、一人ひとりが――（もはや論理が通用しないので、どのようにしたらよいかは誰にもわからないのだけれど）――経験するしかないのだが、しかしそれもまた、いわゆる「経験」という言葉で言えることなのかどうか、むしろ経験の主体としての私なるものが、そこで本質的に「無意味」であることに気がついてしまうような「経験が不可能となる経験」、非＝経験を経験することになるわけです。

このような論理の限界点を指示するもっとも便利な言葉が「無」です。

つまり、「存在（ある）」に対してその対立概念である「無（ない）」をもってくる。そして、その「無（ない）」こそが「存在（ある）」のだという二重の論理構成にする。

「存在とは何か」

「無！」

完璧です。これは、もちろん、たとえば存在していた事物が「ない」というのではない。事物のことは知らず、少なくとも私という実存に関しては、その「存在」は「無」であると言っている。私とは、「無」が「存在」することなのである……とすれば、この「無」はただ「からっぽ」というのではなく、なんと活発なことか、なんとダイナミックなことか、しかもそのダイナミズムはそのままこの世界のダイナミズム、瞬間ごとに新たに生まれ続ける世界そのものではないか、「無」であることにおいて、私がそのまま世界として「存在（ある）」ではないか、あらゆる意味はこの「無」からこそ生まれてくるのではないか、とすれば、これほどの「神秘」があろうか、世界は「神秘」であり、私はこの「無」においてこそ、世界のその「神秘」へと通じているのだ！

言うまでもなく、この場合、「無！」は、「存在とは何か」への一般的な、普遍的な「解」などではない。なぜなら、その意味は、ただただ、それを誰が言うかにかかっているからです。それは命題ではなく、それゆえに、そのままでは「真」でも「偽」でもない。

いや、論理的矛盾そのものなので、「欺瞞」的な「偽」以外のなにものでもない。しかし、それは真理命題ではなく、言表なのです。いかなる状況で、いかなる私が言うのかによって意味があったりなかったりする。意味はあらかじめ決まっているのではなく、そのたびごとに、私が、対話者の「誰」に向かって言う瞬間に、生まれるのです。

こうなれば、当然のことながら、もう「神」という「大他者」を、世界への媒介項としてたてる必要はありません。「無」という言葉が、「神」を超える最強の「大他者」となる。「神は死んだ」の「死」そのものが「無」へと翻訳されたと言ってみてもいいかもしれません。

いずれにしても、こうして「無」と「神秘」とは表裏一体です。「神」が死んで、ニヒリズムつまり「虚無」の「無」の時代が始まったとしても、そのニヒリズムはつねに実存的神秘主義あるいは実存的スピリチュアリズムに裏打ちされていました。そのことを見逃すわけにはいかない。

実際、ニーチェと同時代に、たとえばブラヴァツキー夫人の神智学、シュタイナーの人智学を始めとして、キリスト教の枠に入らない数多くの神秘主義運動がヨーロッパを席巻します。そして、そこに、インド、エジプト、東洋、アフリカといった非ヨーロッパ的・非キリスト教的な異端の信の世界が流れこみ、組み込まれる。「西」と「東」がぶつかり、相互作用が起こる。そうした大きな流れのなかで、たとえば禅が広く受け入れられるようになるわけです。

しかし、その禅は、もはや伝統的な佛教の枠組みに閉じこもっている「禅宗」ではなく、たとえば最近では「マインドフルネス」などと呼ばれる心身の技法へと変形されていく「無の技法」であったりする。

それらに共通するのは、「絶対者」への無条件の信ではなく、私という「存在」（実存）を通して、神秘的あるいは神的な「存在」を、この現在において、実践する、行為するという態度です。意味は、歴史の彼方の「終末」においてあるのではなく、いま、ここ、この「現存」（プレザンス）のうちにある。私が、いま、ここに、なにものでもない「無」としてある——という「神秘」こそ、「存在」の究極の意味であり、

「大」であれ「小」であれ、それ以外の他者を仮設する必要はない、ということになります。これは、ある意味では、意味の究極的なエコノミーであり、モデルニテの時代における実存の哲学のひとつの完成形であると言うこともできるかもしれません。

こうした途方もなく乱暴な「まとめ」を通して、わたしが言いたいのは、ただひとつ、いまの時代に「存在とは何か」を問うとすれば、このような歴史的な地平を引き受けることから出発しないわけにはいかないということ。それは、フィロソフィア的思考が引き受けなければならない責任である、とわたしは思います。だが、この責任を、どのようにフィロソフィアは果たすことができるのか？

すでに、「存在は神秘である」という究極のテーゼは提起されている。「神秘である」とは、この場合、それを論理的に、あるいは実証的に、再構成することができないということを意味します。神秘は経験である。それを、詩的に、あるいは物語的に、隠喩的に、語ることはできるかもしれないが、しかし論理（ロゴス）の展開の形式のもとでは説明することができない。それは、「言葉を超えている」。それは言語的な意味ではなく、感覚（sens）においてしか捉えられない。だからこそ、たとえば禅を知るためには、古来より「不立文字《ふりゅうもんじ》」、あらゆる論理が破綻するところに、みずからを置いてみるしかない、ということになっているわけです。

「〈存在の〉〈真理〉とは何か」

「庭前《ていぜん》の柏樹子《はくじゅし》！」（註9）

「存在とは何か」

「あなたは、即刻いま、あなたの存在の神秘へと参入したまえ！」

超・世界への意味＝感覚

しかし、どのようにして神秘に参入できるのか、は誰にもわからない。一般的なメソッドはない。なぜならここでは「あなたの存在」という特異性そのものが問題になっているのだから。そのことがほんとうにわかることが第一歩であり、その先は、〈幸運を祈る！〉というわけです。

あるいは、すでにちらっと触れた、実存の哲学と同時代に生まれた超現実主義の芸術――その核もまた「詩」でした――もまた、「現実」的なリアリズムを超える神秘的な次元への参入を目指していたことも思い出しておいてもいいかもしれない。そして、そこでは、論理ではなく、なによりももはや「現実」には還元できないイメージの想像性こそが問題となっていたことを思い出すべきでしょう。そこでは、イメージが、論理的な整合性を超えたもうひとつの（超）世界を表象できることが賭けられていたのです。

　しかし、じつは、こうなると、21世紀のこの時代、ひょっとしたらとても簡単に、手っ取り早く、「存在の神秘」へと参入する方法が広まっているのかもしれないと、わたしは考えないでもない。それはＡＩ（人工知能／コンピュータ）です。（わたしはまったくしたことがないのだけれど）、日々、子どもを含めて多くの人々が夢中になって遊んでいるコンピュータ・ゲーム、その多くには、漫画やアニメに見られるような異次元的な世界がセットされているではないか。

　しかも情報技術は、メタバースなどのようにヴァーチャルな時空を、ほとんどリアリティのごとく感覚させてくれるまでになっている。ゲームとは、ある「目的（意味）」をゲットするための「闘争―賭」であり、しかもプレイするという楽しさが昂じると、激しい「陶酔」までをもたらすもので、まさに実存的なのです。

　そう、だから実存とはなによりもゲームをプレイする存在であると言ってもいい。ただし、実存は、本来的には、みずからがプレイするゲームの規則を完全には知らない。そして、それがもたらす最終の到達点《ゴール》（意味）もわからない。

　しかし、まさにその不完全なゲームを、不完全性においてプレイ（遊ぶ）するのです。実存は「不完全性ゲーム」なのです。つまり、それは、新しいゲームをその度ごとにつくりあげようとすること。それに比べれば、どんなに複雑なゲームでも、既成のゲームの規則は明快で簡単です。そして、あっという間に興奮や陶酔を与えてくれる。ゲームを通して――アイロニーをきかせて言うならば――人々は、ヴァーチャルに実存をプレイして楽しんでいるのです。

それはいまでも変わらない。しかし、これまでは、ゲームの場は、テーブルや盤のうえに広げられたカードだったり、駒だったり、あるいは競技場で行なわれる競技というように、現実の空間に限界付けられていたのが、情報革命によって、そこに、さまざまなヴァーチャルな、異次元的あるいはファンタジックなイメージが取り込まれてくる。すると、ゲームを通じて、簡単に、ファンタジーの世界へと参入することができるようになる（その方向への決定的な転換点は、外から見ていて、文字通りのタイトルをもつ「ファイナルファンタジー」！というゲームであったように感じていますが、違っているかもしれません）。

もちろん、このファンタジーの世界が「存在の神秘」そのものではないだろう。しかし、この時代、人々は、世界中の文化の「神々」をはじめとしてあらゆる神秘的存在ならびにその現代ヴァージョンが総動員されているゲーム的世界をプレイしている。それどころか、ゲームの場が、そのまま「いま、ここ」ではない時空や存在と簡単に接続するようになっているわけで、神秘主義は、まさにゲームとして、日々、消費されていると言うべきなのかもしれません。

いずれにしても、情報テクノロジーが、われわれの世界を、根本的に、つくり変えつつあることは確かです。

しかも、それは、まだはじまったばかり、今後、それがどのように拡大し進展していくのか、わたしには予測がつきませんが、しかし「存在とは何か」という問いに対する応答も、この歴史性を受けとめてヴァージョン・アップしなければならないでしょう。

つまり、もはや孤高の哲学者が一人、森のなかの小径を歩きながら「存在とは何か」と「存在の意味」を思考するだけではすまないかもしれない。なにしろ、ここでは「意味」そのものの意味が問われているのだから。

意味は、それを、（フランス語の言葉の曖昧性を参照しつつ言えば）、「意味」（sens）であると同時に「感覚」（sens）です。そしてそれは、いずれにしても、主体が「私」の世界として形成していくものです。

あなたの「存在の意味」とは

しかし、情報informationは、そうではない、それは、突然、どのようにしてか、どのような経路を辿ってなのか、主体にはまったくわからないような仕方で、外から、つまりほとんど主体にとっての世界の「外部」からやってくる。

それは、われわれの遺伝子がそうであるように、ほんのわずかな「文字」によって構成されているだけ。しかし「文字」とはいえ、それが並んでいるのをいくら読んでも、それだけでは意味は生まれない。

つまり、「文字」はコード化され、暗合化されている。だが、主体に接続され、あるいは主体に侵入すると、それが、どのようにしてか、翻訳され、解読され、そしてそこに意味が発現する。それこそ神秘的と言うべきなのだが、つまりは、情報という核をもとにみずからの環境があらたに組織化されることを通じて、主体にとっての新しい意味の時空、「意味」という世界が創造され、生まれてくるというわけです。とするなら、「存在の意味」を考えようとする哲学的思考、つまり存在論的思考にとって――毎度ながら、広大な歴史のなかからただひとつの特異点を指示するというエコノミーに従ってだが――ワトソンとクリックによる「DNAの二重螺旋」という分子構造の発見（1953年）は、ある意味では、決定的な衝撃であるはずではなかったか（だが、いったいどんな哲学がそれに真正面から応答しようとしただろう？）。

なにしろ、私の実存の土台である生物としての身体そのものが、わずか四個の「文字」情報によって「書かれている」、いや、「コード化」されている。そしてそれが私の、具体的な、現実的な運命までを予言することができる。そして、その運命に従って、私は「裁かれる」――そこには、私の創造と私の終末が書き込まれているのかもしれないではないか。

たとえば、すでに現実になりつつあるのだが、今後の科学の発展によって、遺伝子情報の意味が完全に明かされたとしよう。

そうすると、あなたがこの地上に生まれてきたときに、技師が、あなたからほんのわずかな唾液か血液かを採取して遺伝子解析にかける。すると、たちどころに、あなたが何年後には、どういう成長を遂げて、どういう病を発症するか、確率論的に評価することができる。あなたの身体のまさに「生成変化」が予見される。

そこでは「差異」は、確率に還元されてしまう。その遺伝子のデータのどこにも、あなたはいない。あなたの「存在」はない。それは、あなたではない。にもかかわらず、あなたの（少なくとも「身体」という）「存在」のあり様の、かなり正確な情報的ピクチャーが描き出される。しかも、病という、あなたの「存在」にとっての決定的な「出来事」の確率的可能性までが、トレースされてしまう。

そのとき、あなたの「存在」の意味とは何か？ 意味とは、その情報が示すことが、現実に、あなたに出来事として起きること以外の何でありうるだろうか。あなたの意志や意識に、つまり、あなたの心に一切関係なく、それはあなたに起きる。到来する。

そして、それがあなたの「存在」の意味だということになるのだろうか？ そして、そうであれば、あなたは、もはや、その意味をただ受け入れることしかできないということになるのか？

いや、同時に将来の再生医療の技術をもってすれば、少なくとも理論的には、あなたは、確率論的予測を拒否して、たとえば——とても高額な支出が必要だろうが

——問題となっている遺伝子を、技術的に組み換え改変してしまうことも不可能ではないのかもしれない。

そこまでいかないとしても、たとえば昨今、世界中の多くの人が二度も三度も接種をしている新型コロナ・ウィルスのワクチンも、mRNAという抗原の設計図を運ぶ「メッセンジャー」すなわち「情報」を体内に送り込んで抗原をつくらせ、免疫反応を引き起こさせるわけだから、まさに情報が「自己／非自己」という「存在」にとってのもっとも基本的なシステムを生成することの実証以外のなにものでもない。そのような選択をすることだけが、実存の自由、そして意味ということになるのか。

いずれにしても、「存在とは何か」を問う思考は、ここで否応なく、もはや言語ではなくて、情報コードであるような「文字」のシステムが「存在」を生み出すという事態に直面しないわけにはいかない。「存在」にとって情報とはなにか？ 情報テクノロジーは、ＡＩなどのソフィスティケーションを経て、最終的には、「存在」そのものを、と言わないまでも、「存在の意味」そのものを、解消してしまう方向へと向かっていくのか、それとも情報という地平が開かれたことによって、たとえば「存在の神秘」そのものが、これまでの意味の感覚とは異なった仕方で解明されることになるのか？

ここに「存在とは何か」という問いにとっての、現代における歴史的な地平が開かれている、とわたしは思うのです。とすれば、わたし自身も、そこで、「存在の意味」に新しい次元を開く思考の努力をしなければならない、その方向に向かって、わずか一歩にすぎないにしても、歩き出してみなければならない、そう思っているのです。

以上、わたしとしては、「存在とは何か」という問いが位置している歴史的な地平を、極めて乱暴にではありますが、素描しました。次章以降、その「次の一歩」の可能性を試みてみることにします。

第3章

ファンタジック存在論

幻想的ではなく想像的に

「わずか一歩にすぎないにしても」と前章の終わりに書きつけましたが、ではいったいどの方向（sens）へ、「一歩」を踏み出すのか――そう自問したら、浮かびあがった指標が、なんと「ファンタジー」！

わたし自身もいささかびっくりですが、これもまた、前章の終わりに、実存の歴史的現在を指示する指標として、思わず書きつけてしまった言葉だとすれば、「存在とは何か」という、すぐれて哲学的なこの問いも、いまや「ファンタジー」へと冒険しなければならないのかもしれません。

ファンタジック存在論！――しかし、ここで「ファンタジー」とは、ただ「幻想的」というだけではなく、そのギリシア語語源に遡って、本質的に「想像的である」ということです。つまり、一言でいえば、存在は――（そして世界は）――根源的に想像的なものであるという方向へ思考を試行することができないか。それが、ものすごいスピードで情報革命が進行している21世紀というこの時代に「存在とは何か」を問う一つの方向性ではないか。

じつは、ここで賭けられているのは、簡単に言えば、発想の根本的な転換です。すなわち、ここまでわたしがそれについて語ってきた実存は、なによりも私なるものがこの世界のなかに存在しているということでした。そしてそうではあるが、私のこの存在のあり方は、たとえば――私自身の身体を含めてもいいのですが――目の前のテーブルとかコップといった存在物（存在者）のあり方とは違っていて、そこから「存在とは何か」という意味の問いが提起されたのでした。

だから、この問いは、現実的に存在する（それを「実在」と言うことにしましょう）ただ一つの世界のなかに私が実存していることから出発しています。

しかし、実存の意味を、実在している存在物（者）のそれとは違うものとして追求する以上――われわれの言語が用意する必然的に二項対立的な論理からして――「ある」ではなく「無」、つまりある意味で「無がある」！という自己矛盾的な、あるいは神秘的な言明へと究極化することになる。つまり、いろいろ複雑な論理を展開することはできるかもしれないが、究極は、

「存在とは何か」
「無（死）を学べ」

みたいな禅問答に行き着くことになったりしたわけでした。

ここで前提となっているのは、たとえば目の前のコップの実在については、それがどのように存在し、それがどのような意味か、と問わないということです。

また、（これは、ハイデガーの「世界内存在」という規定ですが）、私がその「なか」にいるこの世界の実在についても問わない。テーブルの上のコップは、現実的に「ある」。

しかし、私の「ある」は、それとは違っ
ている、ずれている（デリダ風に「ディフェランス」différanceと言ってみたい気もします）。結局、それが時間という問題に通じていくのですが、「存在の意味」は、現実的なものからの時間的なズレ（遅れ）にかかわることになる。

実際、もし時間がなければ、ということは変化がなければ、存在物（者）が消えてなくなることはない。時間がある（さあ、この「ある」はどういう意味でしょう？）

からこそ、「ある」モノが消えて「ない」が出現したりするわけです。結局、「存在とは何か」という問いは、どうしても「時間」という問題にぶつかってしまう。

20世紀の存在論哲学の原点とも言うべきハイデガーの著書が『存在と時間』と題されていたのは、その意味で決定的でした。

しかも、その第二部として予定されていた「時間と存在」という論を、結局、ハイデガーが書くことができなかったという事実は、まるで20世紀存在論の運命を予告しているようなエピソードでもあったのです。

ハイデガーの『存在と時間』の刊行は1927年。ところが、その同じ時代に、存在物（者）の存在に関して、じつは、これまでのあらゆる前提をひっくり返すような革命的な転換が、物理学の領域で起こっていた。そう、アインシュタインの相対性理論（1905年／1915〜16年）、ハイゼンベルクの不確定性原理（1927年）、シュレーディンガーの（波動）方程式（1926年）など、いわゆる相対性理論——量子力学の革命です。

それらの発見は、現実の物理現象から出発して、その現象を説明する理論が導きだされるという従来の演繹《えんえき》的な方法から導き出されたのではなく、厳密に数理的な論理を追求していった挙句に実在世界の限界に触れてしまったという感が強い。

物理学の理論に学ぶ

そして、以降、理論が正しいかどうかは、ずっと後になって実証的に確かめられるというパターンが定着します（つい最近でも、2012年に質量を与える素粒子として存在が推定されていたヒッグス粒子が発見されたのに続いて、2015年には重力波が検出されたというニュースが世界を駆け巡りました）。

重要なことは、これらの新しい物理学がなによりも「存在」に触れていること。つまり、それらの理論は、この実在の世界が――人間がそのまま経験できないような――極限的限界において、どのように立ち現れてくるかを、数理的に示しています。

すなわち、まだ両者は統一されてはいないようですが、相対性理論は宇宙規模の超マクロな限界次元に、反対に量子力学は素粒子レベルの超ミクロな限界次元にかかわる物理学ですが、どちらも、「空間」や「時間」についてのこれまでの人間の経験的な認識をその根本からひっくり返してしまうような本質を提示しました。そこには、われわれのこの世界についてのまったく新しい「存在論」がある。そう言わなければなりません。

そうなると、これは、哲学には、危機的な事態です。

たしかに、こうした物理学の最新理論の対象領域は、世界のマクロ・ミクロの両極限の次元であって、それによって、人間の実存の領域、この経験的な次元については、とりあえず影響がないと言うこともできるかもしれない。

いや、ほとんどの哲学者は、（わたし自身もそうですが）、これらの物理的な方程式など理解することができず、相変わらず自然言語という範囲内だけの意味の論理に安住している。そして、そこで、人間にとっての論理を組み立てようとしている。

だが、ひょっとしたら、われわれの時代の知にとってのもっとも衝撃的な事態とは、そのような人間中心主義・自然言語中心主義そのものが行き詰まり、あるいは乗り越えられようとしている、そして、強いて言うならば、「ポストヒューマン」あるいは「ポスト実存」とでも呼ぶべき時代に突入しかかっていることにあるのではないでしょうか。

そして、そのもっとも重大な原因は、人間そして世界についての根底的な認識・理解が、もはや自然言語に基づいた意味と論理を完全に超えてしまったからではないのか。

実際、「人間とは何か」という問いは、組み換えというテクノロジーまで生み出している遺伝子生物学に触れずにして可能なのだろうか。「世界とは何か」は、ビッグバンやインフレーション理論などが花盛りの宇宙論抜きに論じることが可能なのだろうか。実際「時間とは何か」について真剣に考えようとすれば、たとえば――わたしの書棚をさっと見渡しただけでも――ここでは横目で眺めておくだけですが、物理学者のカルロ・ロヴェッリが書いた『時間は存在しない』やら、同じく物理学者のジュリアン・バーバーの『なぜ時間は存在しないのか』などを読まないわけにはいかないのではないか。

言い換えれば、現代において、真に創造的な哲学を実践しているのは、最先端の自然科学者たちではないか? いや、彼らは、哲学をやっているなどとは思っていないかもしれない。

彼らがやっているのは「科学」だ。自然言語を通して自由に「思考」しているのではなく、実証的な実験・観察から出発して、それを、数式をベースにした厳密な論理において解釈し、そこにこれまで知られていなかった世界の新しい現実とそれを統べる法則・秩序を究明している。

そうすることで、彼らは、日々、世界について、われわれ人間の生命現象について、時間・空間について、そして「存在」について、いわゆる「哲学者」がけっして考えることができないような真理を明らかにしてくれていることを認めなければならないのではないか。

とすれば、哲学は終わったと言うべきなのか？　いや、哲学は、いまや科学的知として拡大・膨張・拡散していると言うべきなのかもしれない。哲学は、もはやひとりの哲学者によってではなく、みずからを「哲学者」とは規定しない無数の自然科学者たちによって、日々、世界規模で、実践されている。ひとりの個人の思考ではなく、多数の科学者の思考、それが、われわれにとっての真理の地平を構成しているのかもしれない。

しかも、思い出しておかなければならないのは、まさに「自然学」、「天体論」、「動物論」など多数の著作を書いたアリストテレスまで遡らずとも、すでに触れたようにデカルトもライプニッツも最先端の高度な数学を展開して「自然」を論じていたということ。自然学は哲学の一部であったということ。

しかし、理性革命以後、数理によって記述される自然的世界と自然言語によって解釈される人間世界のあいだには、深く、広い溝がうがたれてしまった。世界を構成している根本的な法則と人間による意味の組織化とのあいだに「深淵」が走っている（そのもっとも顕著な事例こそ、大学における「理系」「文系」の断絶だ！　しかも、それは、まさに「人間」の意味を問うべき「人文系」の知の深刻なまでの凋落として現れているではないか）。

となると、わたしとしては、いまの時代において「存在」を問うならば、どうしてもこの溝に――向こう岸まで届かないのかもしれないが――どれほど素朴なものであっても、哲学の側から一本の「丸木橋」をかけようという身振りくらいは示すべきではないか、と考えるのです。

無謀なことです。

すでに、１９９０年代に――ここで詳述はしないが――「ソーカル事件」というのがあって、自然科学のさまざまな概念を、数理言語に通じていない哲学者たちが間違って使うことに対して、それ自体が詐術的でもある仕方で警告が発せられたりもした。

じつは、それによって自然科学と人文科学とのあいだの深淵が、より一層、広がったのでもあったのですが、わたし自身は、——自分の無能力は棚上げにして——自然科学がもたらした世界の存在のあり方から、われわれ人間の実存にとって意味があるものを、少しでも、学びたい。たとえそれが、デリダが言ったように、ある種の「誤配」になるのだとしても、そこにこそ意味の可能性があるのではないか、と思うのです。

「光」の解釈

だが、そのためには、思考にはジャンプをする狂暴さが必要となる。問題は底の見えない溝を渡ることなのだから、森のなかの小径を行くように一歩一歩、大地を踏みしめていくというわけにはいかない。逆に、自然科学者が与えてくれる数理的な説明を、そのまま繰り返すだけでは、溝に「橋」はかからない。

と言った以上は、ただ例示するためだけにしても、そうした狂暴さを一瞬なりとも演じてみなければならない。として、わたしが、いま、即興的に思いつくのは、たとえば、光。

すなわち、わたしが取り上げたいのは、1905年のアインシュタインによる特殊相対性理論が切り開いた「光」の地平。いわゆる「光速度不変の法則」ですが、それが——物理学的に！ではなくて、人間にとって——どのような意味であるのか、をあらためて考えてみることができないか。いや、ここでは、光速度に関するマイケルソン＝モーリーの実験とか、ローレンツ変換などの物理学的な、そして実証的な説明を抜きにして、ただ、ここで「光」が、われわれの実在の世界の極限的限界として浮かびあがってきたと言いたいだけです。

しかも、それは、固定的に設定された一様な空間・時間のなかにモノが存在するという原始的存在論を超えて、世界の存在、つまりあらゆる存在が本質的にダイナミックに運動し続けているという地平を明らかにしたのではなかったか。

換言するなら、静止し、固定した空間があって、その「なか」のどこかになにかが存在するという人間的経験の常識的理解を超えて、すべてが根源的に運動しているということ。宇宙物理学のどんな初歩的な解説書にも登場する――ビッグバンからはじまる――「光円錐」が示しているように、われわれの宇宙そのものが光速度で運動（膨張）している。

光は、われわれの世界の起源にして限界である。ということになれば、それこそ、これまで人類が行なってきた世界の意味解釈のシステムに対照するなら、光は、それを超えるものがない「絶対」としての「神」にほかならないのではないか。

いや、どう考えても、いま、この机を照らしているランプの光、あるいはコンピュータの画面の光、窓に差し込む夕暮れの光……等々とあまりにもありふれた、どこにでもある光にいかなる神的な感覚も抱くこともできないのではあるが、しかしこの光がこの実在的世界の限界であり、地平であるとするならば――これまで「神」について語る神秘的言説がつねに「神の光」について語ってきたのを逆転させて――遍在するこの光が、質量ゼロにして運動しつづける「存在」エネルギーとして、そのまま「神」であると解釈してみてはいけないだろうか。

「世界内存在」を模倣するなら、われわれは、「神」のなかに存在する「神内存在」であるとか言ってみてはいけないか、ということになる。

「神的な世界」のなかに「ある」こと

もちろん、そこには人類の各文化が「神」という言葉に託してきたいかなる超越的な意味も反映されていない。創造主のように「人間」的な「主体」のイメージなどもまったく投影されてはいない。だから、もはや、そこでは「信じる」という行為そのものが不可能となる、それどころか不必要となる、そのようなオペレーション。

だが、誰もが、すべての存在が――教会や信仰といった宗教的な組織をまったく媒介することなく――ただそのままで、平等に、「神的な世界」のなかに「ある」と認識することはある種の認識の「革命」をもたらすかもしれない。

いや、大方の顰蹙をかうに違いないこうした言明を、わたしは、「真理」として差し出しているのではない。そうではなくて、物理学という数理のロジックの領域で見出された「真理命題」を、太古からの蓄積のある、われわれの自然言語の文化のなかに翻訳することで、強固に打ち立てられている「存在」についてのわれわれの信をいささか揺り動かし、――デリダ的な哲学用語を用いるのなら――ディコンストラクト（脱構築）することを試行しているだけなのです。

いずれにせよ、20世紀の初頭、物理学が、相次ぐ革命的理論によって、「存在」に、その根源的あり方に、手をつけたことは確かです。

空間・時間という存在の前提となる世界の実在のあり方そのものが問い直され、まったく新しい驚くべき形式化（方程式化）が行なわれました。数式によって導かれ、表現されたそれらの全貌を理解することはとても難しいのですが、少なくとも、そうした理論化が示しているのが、われわれの世界において、すべての「存在」が、根源的に、運動するダイナミックなエネルギーとして「ある」ということではなかったか。

そこには、なにか「新しい存在論」とでも呼ぶべき認識枠（エピステーメ）が浮かびあがってきている。となれば、「存在とは何か」と問うわたしは、その物理学の知見から、なにか一つくらいは学びを得なければならないのではないか。

そう問うて、わたしが魅かれるのは、なによりも量子力学における「粒子」と「波」の二重存在のあり方。もちろん、シュレーディンガー方程式のことを考えているのですが、その発見は1926年でした。ハイデガーの『存在と時間』の刊行（1927年）とほぼ同じです。

とすれば、先にニュートン＝ライプニッツ断層線を引いたように、この1926年を目印にして、シュレーディンガー＝ハイデガー断層線を引くこともできるかもしれません。存在論の断層線というわけです。だが、ここでは、ニュートン＝ライプニッツ断層線とは異なって、シュレーディンガーの量子力学の存在論とハイデガーの「世界内存在」の解釈学的存在論のあいだには深い溝があいたままです。その溝に、はたして一本の「丸木橋」をかけられるのか、それが問題です。

だが、そんなことが、どのように可能だろうか。

いったいどんな哲学が、これまで、次のような式を取り上げて論じただろうか。

$$i\hbar\frac{\partial\Psi}{\partial t}=-\frac{\hbar^2}{2m}\frac{\partial^2\Psi}{\partial x^2}$$

これは、質量mの自由粒子の波動関数Ψ(x,t)が満たすべきシュレーディンガー方程式ということになっている。

すぐに言っておかなければならないが、わたし自身、引用してはみたが、おそらく大方の読者と同様この数式をそのまま理解などできてはいない。しかし、引用した責任もあるので、さまざまな解説を読むなどして、わたしが理解した限りのことを書きつけておけば次のようになる。

これは――自由粒子という条件のもとで――空間のある位置x、ある時間tにおいて、粒子の物質的状態が波動関数Ψ(x,t)で表されるとして、その関数がどのような条件を満たさなくてはならないか、を示す方程式である。

左辺は、その関数を時間tにおいて一回微分したもの、右辺は、それを空間（位置）xにおいて二回微分したもの、その両者を等式で結んでいることになる。微分とはその点における変化の割合を示すものなのだから、わずかに時間が変化する（一回微分）ときに、空間的な変化量の変化の割合（二回微分）がどのように連動するか、係数を入れて等式化している。

係数には、プランク定数hを2πで割ったいわゆるディラック定数ħ（エイチ・バー）が登場している。そして、左辺の最初には虚数iが置かれている。

これ以上の説明は、わたしの能力を超えているので、（数多くある）専門的な解説書を参考にしていただきたいが、それでも、わたし自身が完全に理解できていない、量子という物質の極限的存在に関するこの数式が、われわれ人間の「存在」の「あり方」について学ぶべきなにかをもたらしてくれるのではないか、と考えてみたいのです。

量子力学の存在論

この方程式が厄介なのは、それまでの古典的物理学の世界では F＝ma のように直接的に物理量が決定される式であったのに対して、ここでは関数 Ψ(x,t) が満たす条件が数式化されていること。この関数が何の関数かと言えば、問題となっている粒子の「存在確率」ということになっている（厳密には、Ψとその複素共役であるΨ*とをかけたものだそうだが）。

つまり、量子が空間のどこに「存在」するかは、確率的な「波」として「ある」ということになる。もちろん、電子という素粒子が、物質として水面のようにそのまま波打っているというのではない。

そうではなくて、水面上のブイのように粒子でありながら、しかしそれが空間のどの位置にあるか、となると途端に、どこにあるかが決定できず、その位置はただただ確率的に波のように広がっているということになって波動関数が導入されるということらしい。「波動」といっても、それは、あくまでも時空内の「存在」の確率の「波」なのだ。

ところが、この「波」は、波立つ水面のように、そのまま観察されるわけではない。粒子を観察すると、途端に粒子は、ある特定の位置に存在する。

つまり、固有値をもつ。観察測定という人為的な介入がない限りにおいては、粒子の「存在」は確率的な波動としてあるが、観察測定が行なわれると粒子が粒子としてある固有の位置に存在する痕跡が得られるというわけだろう。

いったい量子の存在は、波なのか、粒子なのか、となって、当の物理学者たちも悩むことになる。

人間の観測という介入によって、波動的存在が「収縮」して位置が定まるといういわゆる「コペンハーゲン解釈」というものが登場して、物理学者たちのあいだで、量子の「存在」解釈をめぐる激烈な論争が繰り広げられる。さらに付け加えれば、この問題を起点として、その後も、ヒュー・エヴェレットの「多世界解釈」などさまざまな理論化が行なわれているようだが、もちろん、ここではそれらをつぶさにフォローすることはできない。

いずれにしても、わたしにとっておもしろいのは、実在世界の限界を数式化する量子力学において、まさに「実在」の存在論が問われたということ。それ以前の物理学においては、すでに述べたように、方程式によって決定される物理量がそのまま観測された。世界は力という量によって正確に描き出されていた。そこには「存在」が入りこむ余地はなかった。ところが、量子力学とともに、物理学のまんなかに「存在」が降りてきた。しかも、物理現象を観察し測定する人間の営み自体が、その「存在」の認識に影響を与えるのではないか、という考えまで登場した。

まさに、量子力学は、「(量子の)存在とは何か」という問いをめぐって侃々諤々、沸騰状態になったわけです。しかし、その理由は、ただ一つ。量子の「存在」のあり方が、われわれ人間の日常的経験世界における「存在」の論理を大きくぶち破るものだったということ。

それ故に、(観測・測定ももちろんその一部なのですが)人間の日常的経験世界の「存在」の論理と、その論理からすると背理に陥ってしまう超ミクロの量子世界の「存在」の論理のあいだに、どのような関係設定を行なうか、が問題の焦点となって、簡単に言えば、「人間が観測することで存在の波が収縮して固有値が定まる」という、経験的「存在」論理に都合のいい解釈が生まれたりもする。そうした「コペンハーゲン解釈」の方向性に、シュレーディンガーは一貫して反対していた。

彼は、人生の最後まで――ジョン・グリビン『シュレーディンガーと量子革命』からの再・引用だが――「我々生物はみなお互いのもので、我々はみな、実は一個の存在に属する構成要素、あるいはそれぞれの面で、その存在を西洋の言葉では神と言い、ウパニシャッドではブラフマンと言う」(註10)と言って、世界が一個の「存在」に帰するものであることを主張していた（強いて言えば、これは、先ほどわたしがつい書きつけてしまった「われわれはみな、光のなかに存在する〈神内存在〉である」という言明にきわめて近いものであるかもしれない）。つまり、シュレーディンガーは、むしろわれわれの日常経験論的な存在観そのものを転倒させる方向に、つまり根源的な波動性の方向に、「存在」を考えようとしていたことは明らかです。


そうなると、これは、まったく同じ時期に、ハイデガーが存在論哲学に導入した、いわゆる存在論的差異といわれる存在者と存在との区別と、正確に、鏡像的に向かい合っている方向性なのではないか、と思えてくる。そこにこそ、シュレーディンガー＝ハイデガー断層線が鮮やかに走っているではないか、とわたしは考えるのです。

すなわち、ハイデガーの存在論哲学を詳しく解き明かすこともせずに、このように言うことは乱暴極まりないのだが、しかしハイデガーが考えようとした、存在するモノ（存在者）とは区別された、それには還元されない「存在」を理解しようとするときに、シュレーディンガーの方程式が、少なくとも一つの「解」となる可能性があるのではないか。そこに、一本のファンタスティックな「丸木橋」がかかることを、わたしは夢見るというわけです。

別な言い方をすれば、「粒子」とはまさに「存在者」であり、そうであれば、「波」こそが「存在」ではないか。つまり、「存在」とは「存在確率」の「波」にほかならないのではないか。

おそらく、ここで注意しなければならないのが、確率ということ。つまり、確率というと、われわれは一般的には、たとえばサイコロを振ってある数字がでる確率が6分の1であるというように、可能性がきれいに場合分けされるケースを考えるのだが、ここではサイコロそのものを波動関数としての「存在」として考えなければならない。

つまり、「3」という目が出る確率が6分の1というように無時間的な場合分けの確率なのではなく、「存在」と「時間」との関係が本質的に確率的なものとして相関していると考えること。しかも、「波」のように、その確率は、無限にすら広がる連続的なものであること。さらには、「波」と同様に、重ね合わせが可能であるようなもの。あえて一言で言ってしまえば、「存在」は――欧米語のニュアンスに賭けるためにこう言うのだが―― probable（プロバブル）なのだ。（それこそ、「時間に依存しない」と「時間に依存する」と区分されるシュレーディンガー方程式の二つの形式のうち、先に引用した前者の、より「難しい」方程式が意味することではないか、と、わたしは考えるのだが……つまり、「存在は時間依存である」）。

存在はprobable（プロバブル）である

だが、この命題こそ、われわれの日常的な経験が受け入れ難いものであることは間違いない。なにしろ、存在者によって存在を認識しているわれわれにとっては、その存在者が「ある」か「ない」か、が決定的だからだ。

ある存在者が30％の確率で「存在する」などということは――もちろん直接に観測測定できない位置にある存在者について想像的に予見するような場合は別かもしれないが――ありえない、もしくはimprobable（インプロバブル）である。

シュレーディンガーの「猫箱」装置

だからこそ、この問題をはっきりさせるために、シュレーディンガーは、1935年のことだが、その後「シュレーディンガーの猫」として多くの物理学者、いや、量子力学を理解しようとするすべての人々のオブセッションとなったあの想像的な「確率装置」を提起した。あくまでも思考実験としてであったのだが、それは、概略、放射性元素と猫を一つの箱のなかに閉じ込めて、その放射性元素が原子崩壊して放射線が検知されると猫が殺される仕掛けの装置。原子崩壊の確率が1時間に50%であるとすると、1時間後の猫の生死はそれぞれ50%、とすれば1時間後に現実に猫が生きているか死んでいるかは、箱を開けてみるまではわからない。

つまり量子レベルの存在確率を、箱のなかの「猫」の生死の確率に結びつけて、箱を開けるまでは生死の確率は50%ずつで、二つの状態が重ね合わされた未決定なものだが、箱を開けた瞬間に、その確率は「収縮」して、「猫」は「生きている」か「死んでいる」かに確定する——という、とてもファンタスティックな解釈になるわけだよね、「コペンハーゲン解釈」は？　違いますか？　ということ。

この挑発に対して、フォン・ノイマンをはじめとして20世紀の数学・物理学の錚々たるメンバーがそれぞれの応答を返しているようで、しかも最終的には、量子レベルにおいては、「コペンハーゲン解釈」の正当性が実験的に確証された（と、この文章を書きながら、その実験を行なったアラン・アスペに、わたし自身、一度だけ会ったことがあることを思い出したが、そのときは、彼がそのように物理学における世紀の問いに解答をもたらした人だとは知らなかったなあ！）。

わたしとしては、（存在論の文脈で）シュレーディンガーの方程式を取り上げながら、この「猫」に対して一言もないことはゆるされないだろうという思いから、あえてわたし自身の「ファンタジー」がどう応答するかを演じてみようとしているだけで、間違っても物理学の地平における応答ではないことを再度、言い訳しつつ次のようなことを返してみたい。

シュレーディンガーの「猫箱装置」のポイントは、「存在」の確率を「生死」の確率に翻訳転換したところにある。猫は「生きている」か「死んでいる」か、二つに一つ。しかし、箱を開けて、われわれが観測しない限りは、「猫」は、「生きている」と「死んでいる」という相反する状態が確率的に重ね合わされて箱のなかに「ある」。それが、猫には手をつけずに、ただ箱を開けただけで、つまり観測しただけで、どちらか一方に現実化するのはおかしいだろう、というわけだが、しかし「生死」とは、そのように無時間的な場合分けに適合するのだろうか？

　すなわち、シュレーディンガーの方程式は、「生死」の確率ではなく、「存在」の確率だったのではないか。1時間後に「猫箱装置」を開けてみたら、猫が死んでいたとしても、それは猫が「いない」ことではない。そこには「死んだ猫」が「いる」ではないか。逆に、箱を開けたら、生きた猫がいたとしても、「生きている」ということ自体が、そもそも本質的に——まさに確率的に！——いつ「死ぬ」か、わからないことにほかならないではないか。むしろ「猫」という「生命」としてある「存在」は、それ自体が「生死」という確率的な「波動」としてある、と考えるべきではないだろうか。つまり、存在者としての「猫」ではなく、それと差異（ディフェランス）の関係にある「存在」としての「猫」は、「生死」の確率的「波動」として「ある」のではないだろうか。

　すなわち、ここでわたしが考えようとしているのは、無時間的に設定された場合分けを時間的現象に当てはめて「確率」を考えるのではなく、存在が本質的に時間的であり、それゆえに確率的であるという方向に「確率」を考えることができないか、ということ。

ふたたび「猫」を例に取り上げるなら、「猫」が放射性物質の原子崩壊と連動した毒ガス発生装置を仕掛けた「猫箱」に入れられていようが、入れられていまいが、その「存在」は、本質的に時間のなかに「ある」のであって、その「ある」の確率的な展開こそが空間を、いや、空間のなかの「存在」を与えるのだという方向性。それが、「存在はprobable(プロバブル)である」というフレーズに賭けられていた「意味＝方向」なのでした。

言い換えれば、「存在」は本質的に時間的なのであって、その「時間的である」を、本質的に時間的ではない、つまり無時間的である指標(たとえば、「1時間後」という時点、「これこれの場所」という空間の地点など、最終的には、「1」とか「50」とかの離散的な数字)による無時間形式に(射影的に)おとしこむと、それが「確率」として表象されることになるのではないか、というものです。

「太初にサイコロ遊びありき」

いや、こうして「確率的である」こと、「プロバブルである」ことこそが、「存在」であり、その「存在」を与えるのが時間――と言っても、「光円錐」的に、つねに拡張する時空としての、その意味であえて言えばエントロピー的な本源的な「時間」――なのだという方向に思考することが、はたして意味があるのかどうか、確信があるわけではないが、アインシュタインのあまりにも有名になった言葉「神はサイコロ遊びをしない」に対抗するように言うのなら、「太初にサイコロ遊びありき。『神』という『存在』もまたそのサイコロ遊びから生まれたのだ」と言ってみたいのです。

もちろん、この場合の「サイコロ」は、六つの数字からなる立方体などではない。それは、あえて三次元的に表象するなら「球」であるかもしれないし、いや、それ以上に、空間的な「次元」というものを超えた（つまり、「次元」がそこから生まれてくるような）「原・時間」としての「超球」として（想像できないのだが）想像されなければならないのかもしれない。いずれにせよ、それは、断固として、その言葉の根源的な意味で、想像的なものであるに違いない。世界は想像的なものなのだ。

しかし、このように言うとすれば、それは死が「存在」の絶対的な終わりではないということになる。「存在」は「生死」の（確率的な）「波」である。死は「存在」が消える消失点ではない。逆に言えば、死という瞬間を超えてなお、「存在」は——もちろん想像的にだが——存在し続けるということになる。

猫という存在者にとっては、死は決定的で、不可逆の境界である。だが、猫の「存在」にとっては、「死」はひとつの「通過点」にすぎない。そのような「存在」のあり方を示唆してくれるのが、シュレーディンガーの方程式なのではないか、という方向にわたしのファンタジックな思考は漂流し始める。

つまり「死」という実存的に存在する存在者の限界を超えて、その「存在」は広がっているのではないか——極言すれば、そして極限化すれば、あらゆる存在論の哲学が問うているのが、この問題ということになる。それを、宗教的な、すなわち神話的な論理に訴えることなしに、実存の論理の延長、つまり人間の経験的世界に根づいた論理の延長で問うこと。それこそが、哲学の使命ということにならないか。そして、そうであれば、シュレーディンガーの方程式から、哲学はとても重要なヒントを得ることができるのではないか。

たとえば、ハイデガーの存在論的差異を踏襲して、哲学者は「存在」と「存在者」を区別する。では、「存在」と「存在者」とのあいだの関係はどのようなものだと、哲学者は言うことができるのか?

この難問に対して、たとえば、シュレーディンガーの「猫箱装置」はひとつのヒントを与えてはくれないだろうか?

すなわち、猫の「存在」が、その「箱」において——それを「収縮」と呼ぶのであれ、そうでないのであれ——また——生きているのか、死んでいるのかは問わずに——猫という「存在者」になる! と言ってみたらどうだろう。「箱」がなければ、猫の「存在」は、「存在者」としては現象しない。

「箱」という他の存在者との相互作用のなかに置かれたときに、「存在」は「存在者」として現実化する、「実化」すると。

「箱」があってもなくても猫は存在しているようにも思えるのだが、ここはあくまでも「思考実験」だとすれば、——物理学的には間違っているのかもしれないが——わたしの「ファンタジー」が開く想像的な図式においては、この「箱」こそが、シュレーディンガー方程式における、いわゆる「演算子」operatorなるものに対応しているのではないか、そしてさらには、それこそが、哲学的な地平へと翻訳するとしたら、わたしが考える「実存」にならないか、というところまで行きたい。

実存は演算operationするのだ！

存在は複素数的である

実際、すでに述べたように、このシュレーディンガー方程式が厄介なのは、古典的な物理方程式のように、いくつかの物理量のあいだの関係が一意的に定まる式として与えられているのではなくて、実際に、具体的な量（たとえば運動量）を決定しようとすれば、虚数ｉや定数（エイチバー）を含む「ハミルトニアン」とも呼ばれたりもする演算子を「複素共役の波動関数ではさんで積分」しなければならないということになる。この式があまりにも面倒だというので、物理学者のディラックがブラケット表示なるものを考えたそうで、それに従うと、

$$\langle \Psi^{*} | \quad | \Psi \rangle$$

となるらしい。

ここで、$\Psi\Psi^{*}$は、先ほど述べたように存在確率の「波」を示すわけだから、そうなればこの「存在」のプロバブルな波のなかで、演算子がそのたびごとに、ある現実的な量をとることが計算できるということになるわけだろう。とすれば、シュレーディンガー方程式のブラケット表示を「存在*―実存（演算子）―存在」の存在論的ブラケットとして「変奏」することができないか、と妄想するわけです。

シュレーディンガー方程式が、あくまでも光子や電子といった素粒子の存在についてのものだということは承知しているが、そこでもたらされた存在についてのラディカルな認識革命は、われわれ人間の存在についてもラディカルな示唆を与えてくれるのではないか、ということ。そう、存在とは量子的であるのではないか――それが、わたしの思考がたどたどしく歩もうとする方向です。

ここで決定的なのは、複素数という数理的な形式です。

シュレーディンガー方程式は虚数iを含んでいる。われわれ人間は、数学史上もっとも美しいとも言える「オイラーの公式」から出発して、複素数の極形式を用いて三角関数と指数関数とを結びつけることによって、きわめてエレガントに波打つ波動を表現できるようになったわけだが、このシュレーディンガー方程式における虚数iは、単に「便宜的なもの」ではなく、本質的、つまりダイレクトに「存在」に関わるとされている。わたしとしては、これこそ、「想像的なもの」が「存在」する、といっても「実在」ではなくて――こう言いましょう――「虚在」！する数理的な根拠が開示されたことを意味するのではないか、と読みたいわけなのです。

なにしろ、虚数のiは、imaginary（仏imaginaire）のiであり、こう名付けたのは、近代哲学の原点と言うべきあのルネ・デカルトです。もちろん、デカルトは、それを「存在しない、想像的な数」として考えていた。だが、20世紀になって、シュレーディンガーによって、その「想像的なもの」が「存在」する！「虚在」として「存在」する！ことが明かされた。つまり、「存在」とは、「実」と「虚」が直交する複素的な、つまりコンプレックスcomplexな「波」であるということ、そこに哲学にとっても存在論のラディカルな転換の可能性を見出すことができないか。

iは、誰もが知っているように、$i=\sqrt{-1}$と定義される数です。もし$\sqrt{1}$ならば、たとえば、ここに面積1㎡の正方形があって、その平面を辺という線の次元に換算すると一辺が1mとなるわけだが、その正方形の「不在」に、あるいはその「無」に、同じオペレーションをほどこすと一辺がiになるということ。

「存在しない」正方形の辺を計算しているのだから、想像しているだけとも思われて、しかし「存在という確率的波動」においては、「実」の次元と直交する「虚」の次元として「虚在」する。「ないもの」が「ないもの」として存在するそのような世界次元があるということ。そこに、一言で言えば、複素数的世界観への初めの一歩を見出そうということです。

こうして、ここで、わたしの思考は、たまたま日本語においてreal number・imaginary numberが「実数・虚数」と翻訳された事実を利用して、この世界全体を、根源的に、「実」次元と「虚」次元が交差する複素数的なComplex Worldとして理解しようとする方向に進む。

そして、その「実」世界のなかで、これまで実存existenceという言葉で語ってきた存在のあり様を――そこでは、その「外へ」ex-という「開け」が強調されたのでしたが――なによりもその「虚」の次元へと「開け」た実在、つまり根源的にコンプレックスな存在として考えることで、世界と実存との関係をより明確にすることができるだろうと考えるわけです（冗談のようなことを付け加えるなら、このex-のxに「実」「虚」の直交性のシンボルすら読みこみたいと思っています）。

実存と虚存

ここで興味深いのは、その「実」と「虚」は、数学的な座標軸としては、0において直交すること。だから0すなわち「無」とは、「実」と「虚」が直交することそのものだということになる。言い換えれば、「存在」と「無」は対立的であるのではなく、「無」は0という原点として、「実」と「虚」が交錯する交差点であると考えなければならない。そして、あえて付け加えておくなら、この「0」こそが意識なるものを指し示しているのかもしれない。

つまり、実存とは「実×虚」であるということです。

実存は「実」世界と「虚」世界の交わりとして「ある」。

それこそが、実存のもっとも深い意味であるということになります。

となれば、当然、実存に対して「虚存」という存在を考えることができるかもしれません。つまり、「実在」の世界における実存に対して、「虚」の「虚在」の世界における実存に相当するものとしての「虚存」。つまり、次のようなマトリックスが考えられます。

実在 ― 実存
虚在 ― 虚存

では、虚存とはなにか？ それは、簡単に言えば、「実」として「ある」という仕方では「ない」が、しかし「ある」存在。そこで思い出さなければならないのが、われわれ人間の文化は、それがどんな地域のどんな時代のどんな文化であっても、古来より一貫して、神的存在、霊的存在、妖怪的存在……等々という「実」ではない存在を語り、それらを信じ、それらを祀ってきたということ。それら「不可視の存在」（仏語ならl'invisible）なしの文化はひとつもない。言葉がどのように違っていようが、「神」や「霊魂」や「魔物」などについて語らなかった文化はない。

そして、そこでは、それらの存在が虚存であるがゆえにこそ、言い換えれば、「実」

として「実証」不可能であるがゆえにこそ、それらへの信が現実において圧倒的な支配力をもつことになった。

そうした「神―魔」的神話性を、ニュートン＝ライプニッツ断層線が示す理性革命は一掃することで、「実在」一元的存在論を打ち立てたわけですが、その実証的計算可能性に基づく理性の最先端において、ある意味では、「虚世界」そのものが実証されることになったと言いましょうか。imaginaryな存在が、単なる空想というわけではなくて、「虚」の時空において存在する――それこそ、シュレーディンガー方程式のもっともラディカルな哲学的な含意であるかもしれないのです。

だが、注意しておきたいことがある。それは、われわれは、あくまでも実在の世界に実存しているのであって、数学的には、x軸を「実」、y軸を「虚」ととれば、その複素数的直交世界が簡単に平面上に表示されることになるが、しかし、われわれは、この実世界に関しては座標軸をもっているが、虚世界に関しては、座標軸つまり誰にも共通して普遍的であるような計算可能な「距離」のオーダーをもってはいない。まさにそのことが、imaginaryといわれる理由であって、わたしが夢で天使を見たとしても、鬼を見たとしても、そうした虚存は、世界の時空のなかに位置づけることはできず、他の人々には、まったく実証性をもたない、つまり「存在しない」ことになってしまう。

夢、空想、妄想、ヴィジョン、幻視、幻影、イリュージョン、錯覚……どのように呼んでもいいのだが、虚存は、ある特異な実存の特異的なモーメントにおいて現象するのであって、それを一般化することはできない。

虚は計算できない。たとえひとつの虚存が、わたしの夢のなかに、イメージとして現象したとしても、それは極度に凝縮ないし収縮した部分世界であって、その世界全体の地平、つまり座標軸は、わたしには見えてこない。だからこそ「虚」なわけです。それがどのような世界に属するのか、わからない。

だから、われわれはそのイメージ存在を、われわれが属する実世界に投影して、それを「信じる」か、そうでなければ、無意味で、無根拠な「幻」と切り捨ててしまうしかない。

でも、忘れてはならないのは、もちろん、ほんとうに「絵に描いた餅」とでも言うべきまったくインパクトのない絵空事もあるのではあるが、しかしその当事者である主体にとっては、悪夢の場合の恐怖のように、あるいは宗教的な恍惚感（エクスタシー）のように、実存の組み換えを強いるような強力なエネルギーを与えるものであったりもするということ。なにしろ、存在とは、なによりもエネルギーであるわけですが、虚在もまた、存在として実存に対して、きわめて強い作用を及ぼすことがある。そこに世界を解く「鍵」があるとわたしは考えています。

以上が、シュレーディンガー方程式から出発して、わたしの思考が底の見えない溝の上に投げ出してみようと思うファンタジックな「丸木橋」の概略の方向性です。繰り返しておくが、わたしにはシュレーディンガー方程式をただしく理解できているとは思えない。ただ、そこに、強いていえば複素数的存在論の地平を垣間みることができるのではないか、と夢見ているだけです。

（存在者とは区別された）「存在」とはプロバブルなエネルギーです。「存在」と「時間」は異なった別のものとして「ある」のではなく、「存在」は本質的に確率論的に「時間―存在」としてあるエネルギーの波です。そして、それは、実の次元と虚の次元をもつ。

世界は複素的であるのです。

最後に、もうひとつ付け加えておきたいのが、波は重ね合わせの効果をもつということ。すなわち、波長の異なる波を重ね合わせることができて、それが「波束」、つまり「パルス」を生む。そして「パルス」は、波でありながら粒子的であるらしい。

それは数えられる、つまり個体性をもつ。とすれば、われわれの実存的存在は、まさに「パルス」としてあるのではないか。いくつもの、いや、無数の波が重ね合わさった「パルス」として、われわれの実存はある（実存なるものがどれほどパルス的であり、単一の欲望などには還元されない仕方で、衝動的であるか、われわれはよく知っていると言うべきではないでしょうか（註11））。

第4章

四元的世界観へ

ハミルトンの四元数

前章までで、「存在とは何か」という問いに対する、現時点でのわたし自身の複素数的世界観に基づく存在論の方向性は提示できたと思っていますが、ひとつの補遺として、ここではその「複素数的世界」の論理的基礎について述べておきたい。

シュレーディンガー方程式についての説明のなかに、「演算子（オペレーター）」という概念が登場したときに、それは「ハミルトニアン」と名付けられていました。これは、19世紀のアイルランドの数学者ウィリアム・ローワン・ハミルトン（1805〜65）にちなんだもので、彼は、現在の数理物理の基礎ともいうべき解析力学の創始者と位置づけられていて、とりわけ複素数をもちいた演算を公理化した人物。

しかも、その後半生は、その複素数を拡張することに捧げられ、ついには四元数《しげんすう》quaternionと呼ばれる、実数と三つの虚数によって構成される拡張された複素数があり得ることを発見した。つまり、$a + bi$ ではなくて、$a + bi + cj + dk$ となる。虚数次元が三つに拡張されたわけです。

すなわち、

$$\boldsymbol{i^2 = j^2 = k^2 = ijk = -1}$$

１８４３年10月16日の朝、ダブリンの運河沿いの道を、妻と歩いていたハミルトンが、このアイデアを得て興奮のあまりブルーム橋の石にその公式を刻み付けたというエピソードは広く知られています（わたし自身もただ一度ダブリンを訪れたときに、その「橋」を見に行きました）。

ここで重要なことは、この複素数の拡張は、勝手にできるのではなく、数学的に成立するのは、じつは、四元数のほかには八元数しかない（フルヴィッツの定理）ということ。

すなわち、$a + bi + cj$ というような三元数は不可能らしい。そこにハミルトンの苦労もあったのだと思いますが、いずれにしても、四元数は成立する。

本来的には、八元数のことも考えなければならないのかもしれないが、八元数（オクトニオン）は「実数＋虚数」の組み合わせではなく、実数（ないし虚数）の八つ組みであって、複素数の拡張とはかならずしも言えない。つまり複素数の拡張は四元数に限られるわけです（しかも、数学的には、この四元数は、複素数の複素化、つまり二元の複素数をさらに複素化することによって得られるらしい）。

いずれにしても、わたしがこだわりたいのは、虚数次元が一つではなく、三つあるようなコンプレックス・ワールドが数学的に立証されたということなのです。しかも、驚くべきことに、このワールドにおいては、積の演算は、非可換となる。つまりa×b≠b×a（aにbをかけるのと、bにaをかけるのでは、結果が違ってくるということ）。

これは、ある意味では、革命的なことかもしれない。なぜなら、複素数までの数学の式では、演算の順序は結果を左右しなかった。つまり、同じ次元空間のなかで処理することができたのに、四元数においては、順序を変えると結果の次元が違ってくるということになって、われわれが普通に経験している三次元空間の空間性そのものが問い直される端緒が暗示されているように思われるのです。

そして、これもきわめてファンタジックな反応なのですが、それを言い換えればi, j, kという三つの虚次元をもつ虚の空間と実数の実次元との組み合わせが提示されたと考えることもできるかもしれません。「虚在」の空間が空間として提示された、と。その場合、「実在」の三つの次元は一つの実数のうちに集約されていることになります。

「実空間」と「虚空間」は、それそのものとして共存することができず、たがいに他方が一つの次元に集約されたものとして表現された場合に両立すると考えることもできるかもしれません。

そうです、現実的には、この四元数は、いまでは、たとえばコンピュータ上で三次元の実空間における自由な回転を表現するためのツールとして使われているようなのですが、わたしにとって重要なのは、なにしろ四元数においては、-1の平方根は無数にあって、それが三次元空間内の球面を構成するということになっているので、虚が「空間」として存在（「虚在」）する数学的な根拠が与えられたように思われること。

そのことを一つの手がかりにして、それを「虚存」的存在の存在論へのヒントとすることができないか、と考えるわけです。

すなわち、この四元数を、前章で導入した次のマトリックスに対応させたい。

いや、「実」と「虚」の直交性を強調するためには、

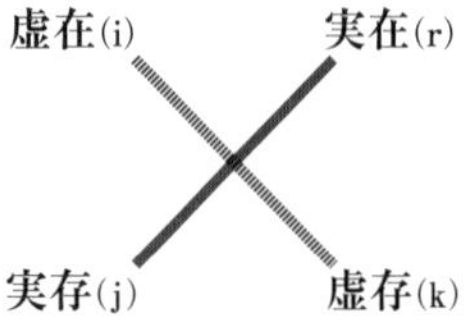

としたほうがいいのかもしれません。この場合、第一象限の実在がｒに相当し、あ

とは、i, j, k と虚数になる。そうすれば、実存とはじつは、本質的に「虚」の次元にあることがはっきりとするかもしれません。

もちろん、四元数においては、i, j, k は虚数の座標軸であって、それぞれに異なった意味が対応しているわけではない。

余計なことを付け加えておくなら、実数であれ虚数であれ、数それ自体は虚です。世界には、われわれが「一個、二個……」と数えることができる事物は実在していますが、しかし「1」というものは実在しない。それは虚。「山」という言葉が、あるいは、△という線の図形が虚であるのと同じです。

文化人類学における四元世界

数も線も言葉も、人間が世界を表象するための虚のツールです。人間の文化は根源的に虚である。言い換えれば、非現実的irrealであり、想像的であり、虚構的なのです。そのことを忘れるわけにはいかない。その虚が、数学的に i, j, k という三つの次元が構成する「空間」として提示されたこと、さらに数学的にはそれしか可能ではないことに、わたしは感動する。

つまり、そこには、人間の文化のもっとも根底的な地平を理解する「鍵」が隠されているのではないか、と。

だが、それはすぐに行き詰まる。すでに述べたように、数学的には i, j, k は単に数的な座標軸であって、それぞれに意味が対応しているわけではないので、それを文化的に開くことができない。ヴァーチャルな空間のなかでのさまざまな運動を記述するためには便利かもしれないけれど、それを「存在の意味」へと翻訳することはできない。

とすれば、残された可能性は、逆に、人間の文化のほうから――四元数をヒントにして――四元的構造を抽出することができないか、を探ってみるしかないと追い詰められるのです。


ところが、なんと、すでにある！

すなわち、人間文化のもっとも基本的な存在論！を四つの類型に分類して整理した文化人類学の総括的研究が今世紀のはじめに発表されていた。それが、フランスの人類学者フィリップ・デスコラの著書『自然と文化を越えて(註12)』。

デスコラは、――本書でわたしが「ニュートン＝ライプニッツ断層線」として説明した――西欧近代がもたらした「自然」（実在）と文化（実在ではない虚の次元）との二分的対立を越えて、人間以外の存在である「非人間」までを含めた地球地平における「存在」のあり方を、次のような四つの類型にまとめることで、新しい存在論の地平を開こうとした。

その分類のそれぞれの詳細はここでは説明する余裕はないが、一つの指標として、デスコラ自身が、「内面性」と「肉体性」、「差異」と「類似」という二つの対立を組み合わせることで以下のように分類していることは引用しておきましょう。

ナチュラリズム　　内面性の差異／肉体性の類似
アナロジズム　　内面性の差異／肉体性の差異
アニミズム　　内面性の類似／肉体性の差異
トーテミズム　　内面性の類似／肉体性の類似

当然、ここで「内面性」とは「魂」、「精神」、「霊」、「心」などと言い換えられるものであり、「肉体性」は文字通り「身体」、「物体」などと強く相関しています。結局は、いわゆる心身二元論を四元的に拡張することで、古代から現代にまで続く人類の文化の想像的世界を四つに分類して統合的に整理したということになる。

セールによる実存の四類型

デスコラのこの四分類を受けて、それを哲学者としてのみずからの人生、そして西欧の歴史・文化への回顧的展望へと応用したのが、ミッシェル・セールの著書『作家、学者、哲学者は世界を旅する』（２００９年）でしたが、その冒頭、彼は、この四分類に対応する人間の存在のあり方を簡潔にまとめて次のように書いています。

――「世界像の一つ、アニミスト（animiste）においては、あらゆる存在のうちに同一の魂が見出されるが、それらはめいめい独自の身体を纏っている。ナチュラリズム（naturalisme）においては、逆にあらゆる身体（物体）が分子や原子といった同じ成分によって形づくられるが、内面性を備えた魂がただ人間たちだけを、各人によって違った風に、文化や社会ごとに多種多様に活気づけている。この第二のものの見方は、どちらかといえば近年の西洋を特徴づけるものだ。もう一つ別のもの、トーテミスト totémiste は、人間たちのあいだの相違を、動物や植物の種において示される相違によって理解し、しばしば人間をある動物やある植物に照応させる。最後に、アナロジスト analogiste の見るところでは、実在するものはすべて異なっており、彼は無秩序で離散的なもののうちに可能な関係を発見することに、精根を傾けている」（註13）。

このようにセールは四分類をそれぞれ異なった「世界像」、さらには、それを生きる人間の異なったあり方に対応させている。これをさらに、わたし自身の「実在／実存／虚在／虚存」の四元的存在論へと対応させてみるならば、すぐにはっきりするのは、ナチュラリズムが「実在」の世界（それは実数による力と「量」の世界）であり、アナロジズムが「実存」に対応するということ。

実存にとっての最大の問題は意味。みずからが存在する、一見すると「無秩序で離散的な」この世界を可能的な意味あるものとして再構成すること、それこそが実存の使命。その意味の構成とは、なによりも「アナロジー」の発見に存することを、デスコラ＝セールのラインは示唆してくれているように思われます。

すなわち、意味とは、まさにある関係と別のある関係とのあいだに「類比」を見出すことで、問題となっている関係を肯定し、受け入れることである、という理解の方向性がはっきりと示されているのです。

だが、「虚在／虚存」になると、これは、もともと非現実的な、虚の次元であるだけに、それが「トーテミズム／アニミズム」にぴったり対応するかどうかは、かならずしも明白ではない。デスコラの分類は、あくまでもそうした文化をもつ人間の種族の側から見て「内面性の類似」という共通因子を基にして「肉体性の差異／類似」の基準で分けているが、わたしとしては、――「魂」（アニマ）あるいは「霊」と呼んでもいいが――「非肉体的な」生命が存在する仕方の全体をアニミズムと名付けたい。そして、そこにはトーテミズムも含まれていいのではないか、と考えるのです。

実際、デスコラ自身、――これはレヴィ＝ストロースの『今日のトーテミスム』を受けての応答ですが――トーテミズムとアニミズムとの曖昧な関係を裁断しようとして、トーテミズムにおいては、「相同性が及んでいるのは、もはや項の二つの系列の間の差分的関係（「氏族1と氏族2が異なるのは、ワシがクマと異なるのと同様である」）に対してではなく、項そのものに対してなのである（「氏族1はワシと同様であり、氏族2はクマと同様であるり）と述べて、「分類法という側面から見た場合は、アニミズムとはまったく異なる平面に位置している」としている。すなわち、ここで決定的なのは分類ということ。トーテミズムは、ワシやクマといった「非人間」と種族・部族のあいだに、存在論的な「相同性」を打ち立てる。

つまり、デスコラ自身が、トーテミズムの章の最後のほうに「人間的人格と動物的人格との間の典型的にアニミズム的な関係性は、人間的人格と、明らかにトーテム的色彩を帯びた動物種との間の特権的関係によって裏打ちされているのである」と書いているように、トーテミズムとは、アニミズムという一般性の地平の上で、「種族・部族」という動物種と人間とのあいだの「相同性」が特権化された事象と考えることができるのではないか、とわたしは考えます。

いや、わたしはここでデスコラが展開している豊かな文化人類学の知見を独自に解釈しようとしているのではない。そんなことはできない。だが、こうして、わたしが、デスコラが「トーテミズム」として分類した存在論の一つの類型を「アニミズム」へと回収するのなら、逆に「トーテミズム」という名で彼が確保した次元を、わたしは何によって充当するのか、が問われなければならないでしょう。

宇宙秩序《コスモス》の目に見えない枠組み

そして、そうなれば、それはやはりデスコラ自身に答えてもらうのがいちばんということになるかもしれない。

じつは、デスコラは、トーテミズムを論じるときに主にオーストラリア・トーテミズムの事例に基づいて議論を進めていました。ところが、彼自身が言うように、「オーストラリア・トーテミズムの確かに最も独創的な特性は、それが、慣習的に英語で『ドリームタイム（夢の時代）』『ドリーミング（夢）』、フランス語で『レーヴ（夢）』と呼ばれてきた独特の宇宙論的・原因論的システムに根づいているということである」。さらに、彼は、この〈夢〉について次のように言っています――「したがって、〈夢〉とは、過去の記憶でもなければ、現在からの遡行でもなく、永遠性が空間の中で確証され表出したものである。つまり、それは、宇宙秩序（コスモス）の目に見えない枠組みであって、これが、その存在論的下位区分の永続性を保証しているのである」と。

いや、まさにこれこそが、「虚在」という言葉で、わたしが考えようとしている次元の鮮やかな定義ではないか、と、わたしは膝をうつのです。虚在とは、まさに「宇宙秩序（コスモス）の目に見えない枠組み」にほかならないのでは？と。さらに、この「宇宙秩序」は、オーストラリアの部族に特有のものなのではなく、より普遍的に、どんな人間の存在にとっても本質的に関与的であるのではないか、と。

もし実存が、実在する世界のなかに存在することであるとすれば、虚存とは、虚在の目に見えない「宇宙秩序」（コスモス）という、夢のごとき（かなり西欧的バイアスがかかった用語だとわたしは思いますが）「永遠性」の空間に、ある種の「存在者」として存在すること——そのように定義してみてもいいかもしれません。（ついでに述べるなら、この「宇宙秩序」（コスモス）に、われわれの漢字文化への翻訳として「天」という字（概念）を当ててもいいかもしれない。すなわち、虚存とは、「世界内」ではなく、「天内存在」！にほかならない、と）。

それは、強いて言うならば、われわれには認識することのできない、その意味で「神秘的な」、あるいは「神的」な「天空」、つまり「神なる存在（もの）」が、そこでは、一つの個別的な存在者であるにすぎないような虚世界と言ってもいいのです。

結局、わたしは、文化人類学の膨大な知見を総合しつつ提起されたデスコラの（きわめて「トーテミズム的な」と言ってみたい気もするが）存在論の四つの類型に対して、それから学びつつ、しかしそれ自体が（分類ではなく）一つの存在論であるような四元的な存在のマトリックス（行列）を対置しようとしているわけです。つまりある特定の文化に還元されてしまうような文化類型としての存在論ではなく、われわれの誰もが――地球上の人間である限り――必然的に、本質的にそれに対して開かれている存在の四つの基本次元の描像を見出したいということ。それによって――まさにセールがみずからの実存にその四類型を当てはめつつ彼自身の人生を振り返ったように――われわれの誰もが、同時に、（デスコラの命名に従えば）ナチュラリストであり、トーテミストであり、アナロジストであり、アニミストであることを認識しなければならない。それによってこそ、初めて真に自然と文化を超える新しい認識の地平が開かれるのではないか、と考えるのです。

とすれば、わたしの四元マトリックスはどうなるのか？――たとえ暫定的なものにすぎないにしても、それを最後に語らなければならないでしょう。

ただ、その前に、繰り返しになるが、一つ注意しておかなければならないのは、この四元性は、かならずしも、平面上の二つの直交軸によって規定された四つの四角形には還元されないということ。つまり、単なる四分類ではない。それは、存在を四つのパーツに分けるためのものではなくて、強いて言えば、われわれの存在においては、どのような場合においても、これらの次元が複雑に関与しているのではないか、と提起するものなのです。

実際、四元数がベースなのだから、これは実一次元＋虚三次元であり、なおかつ虚の三次元は――情報処理においては三次元の回転運動を処理するツールとして使われているように――虚空間における回転する球として考えることもできるので、それならば、実一次元には、実空間の球が「凝縮」されていると考えて、回転する実の球と虚の球とが、それぞれの中心において重なり合うようなイメージをもってもいいかもしれません（しかし、当然、われわれには虚の球の全体が見えることはないのです）。

いずれにせよ、ここでは、平面に基礎を置く認識の地平から、四次元的な動的な認識の地平へのジャンプが賭けられているのです。

存在のマトリックス――実在・実存・虚在・虚存

I．実在（「ナチュラリズム」、力、マシーン、技術、身体）

極言すれば、これは数と力の次元。平面上に線を置くことで、現実の世界の正確な描像が得られる。これは、幾何学の原理であり、また数直線として数が線に還元されるのだから代数の原理でもあり、そこに数学というものの根底がある。

じつは、それこそ、まさに「アナロジー」の原理そのもので、その意味では、数学こそ、実存が「無秩序で離散的なもののうちに可能な関係を発見する」ための最強のツールにほかならなかった。そして、数学が、現実の世界を動かしている力あるいは量を測定し計算するという物理学的欲望と結びついたときに、この世界が、人間の意思に（また「神」の意思にも）かかわりなく、驚くべき正確さで、運動・運行している実在世界であることが明確になる。

しかも、それは、世界観を根源的に転換させただけではなく、そこで得られた世界の法則を、人間が応用して、これまでの人間の身体の力に根づいていたものとは格段にスケールの違う機械《マシーン》を人間が産み出すことを可能にし、そのことによって、人間は——みずからが住まう環境という範囲においてではあるが——世界そのものを根底から造り直すことができるようになった。

すなわち、あえて言ってみるなら、人間は、きわめて部分的にではあるが、世界の「創造主」となった。とすれば、虚次元において世界を統轄する存在であった「神」が失権し、「神は死んだ」と哲学者が叫ぶのも当然ということになる。

力、量、法則、エネルギー……それらを理性に基づいて、適宜、組み合わせるシステムを設計し、それが機械《マシーン》となり、新しい現実を再構成していく。つまり、技術であり、テクノロジーであり、それがモデルニテ（現代性）と呼ばれるわれわれの文化の根底なのです。

その現実的な形態が「都市」であると言うこともできるはずです。

そしてその根底がいま、情報テクノロジーの革命的な進化によって、われわれの地球の全体が一個の「都市」であり、しかも一個の「脳」であるような未知の地平へと達しようとしているのです。

Ⅱ．実存（「アナロジズム」、意味、欲望、自由、表現＝表出、恍惚、芸術、意識）

この次元については、すでに本書の前半で、西欧語のexistence（実存）という言葉のex-という接頭辞に見られる「外へ」の運動性を中心にして展開していますが、あえて一言で言うならば、「私」という自己意識をもつ存在の次元。だからこそ、デカルトの「われ思う、ゆえにわれあり」が近代哲学の最初の格律となった。

もちろん、この次元は人類が言語をもつようになって以来、あるいは人類が発生したとき以来つねにあった。が、前節で触れたように、世界そのものが実在の世界として、なんであれ「意」なるものから完全に独立的に存在するようになったときから、それとともに、その「神なき世界」にひとり孤独に存在する「私」という次元が――まるでビッグバンのように――急激に膨張した。

それまでの時代、私という次元は――まさにトーテミズム的なのだが――部族・種族・氏族・民族といった「われわれ」という集団的な「族」のなかに溶け込んでいた。私が存在することの意味は、神話や物語さらには伝統、規範、支配原理などによって構成された「われわれ（＝族）」の「意味構成」のなかにすでに書き込まれているのだった。

ところが、この世界が、われわれがわれわれによって改変できる世界であることが明白になった途端、「族」という過去からの連続的集合体に帰属するだけではない「私」という意識が目覚める。

私が一個の主体として、世界のなかで、私にとっての世界をつくり出すことがゆるされ、もとめられ、課せられる。私は欲望することがゆるされ、もとめられる。そして自由が課せられる。

だが、どうしたらいいのか？

私が世界にこうして実存することの意味はなんなのか？ 意味がオブセッション（強迫観念）となる。だが、意味はあらかじめ決定されているわけではないのだから、結局は、みずから意味を生み出すしかない。

つまり、実存にとっては、表現expression（自己表現）が決定的に重要ということになる。こうして実存はきわめて深いところで芸術artと結びついている（この場合、「芸術」には、絵画や彫刻だけではなく、文学も建築もデザインも演劇も音楽も……

あらゆるアートが含まれます。そしてもちろん哲学もまた、「学」ではなく「アート」です)。

さらに言うなら、実存にとっての最大の問題は歴史ということになる。なぜなら未来は書かれてはおらず、そのつど、あらたにやってくるものであり、それは、部族・種族・氏族・民族といった過去の継続で集団によって保証されるものではないから。私という個人的主体のレベルではない、「われわれ」の未来をどのように「意味あるもの」として構築するのか、という問いこそ、実存にとってのきわめて困難な、しかし避け難い問いとなって浮上してくる。

だが、――ここで告白しておくなら――じつは、この歴史に関してはこれまでの実存の哲学はことごとく失敗したのではないか、とわたしは密かに考えている。そして、それは、問題の在り処が、政治という、私ではなく、「われわれ」のレベル(階層)の事態であるから。

実際、その階層において支配的なのは、現在においても、ほとんど「トーテミズム」的と揶揄したくなるような部族的な闘争ではないだろうか。

だからこそ、私と他者のあいだにどのように、現実的な、現世的な関係ではなく、本質的な関係を設定することができるのか——現代の哲学もまた、その究極においては、一貫してこの困難な問いを問い続けていることを忘れてはならない。なお、世界も存在も階層をなしている。これは決定的に重要なことなのだが、本書においては、とりあえず「私」という階層における実存に焦点をしぼっていることをあらためてお断りしておかなければならない。

Ⅲ．虚在（神秘主義、ドリーム、死後、信、倫理性）

もし「実在—実存」の世界に死がなかったら、つまり実存が死ぬことがなかったら、虚の世界は「ない」ままでよかった。前節で、わたしは「実存にとっての最大の問題は歴史ということになる」と述べて「われわれ」という階層を提示しましたが、「私」の階層にとどまるとすれば、そこでの最大の問題こそ死である。そして、実存が欲望するみずからの存在の究極の意味とは——実の世界における、たとえば社会的に規定されるような意味などではなくて——みずからの死を超えること、死を超えた「救い」ではないか。

じつは、「存在とは何か」という問いは、究極的には、そのことを問うている。すなわち、私の「存在」とは、生まれてからいまに至り、そしていまから死に至る、この実世界・実社会のなかの実存にすぎないのか。そこで終わりなのか。死によってすべてが終わるのか、それとも私の存在はこの実存を超えているのか。

そして、言うまでもなく、人類がこれまで構築した数多くの宗教・信仰はすべてこの不可能な問いに応答するものであった。どのような仕方であるかはそれぞれ異なるが、私の「存在」は死を超えて広がっている、と各宗教は説く。そして、その内容は経験的に、客観的に、実証できることではないので、「信じる」しかない。私の死後に、この実在の世界の延長でないような別の「虚」の世界が広がっていることを私は信じる、と。

「信」、(すでに述べてきているように) これこそ、変わることなく人間文化の中核。文化とは、「虚なるもの」を信じることにある。間違えてはならないのは、人間の文化の歴史において、この「虚」の世界こそ、もっとも古いものであるということ。世界はもともとは「実」と「虚」とが連続する仕方で想像されていたのに、ニュートン＝ライプニッツ断層線以降、強固な実証性によって、そこから「実在」の世界が独立して立ち上がってくることによって、その信に亀裂が入るようになる。

そして、実存は、みずからの根底をなしていた信を失って（ニヒリズムですね）、いわゆる「実存的不安」に陥る。じつは、実存とはなによりも不安な存在なのであり、それゆえに、それはつねに——まるで「小さな死」を超えていくかのように——自己の外へとエクスタシーextaseを欲し、限界の彼方の世界を夢みる存在であった。

実在ではない、しかし虚として存在する。それを、「想像的な存在」と呼んでもよいのだが、それは、私が勝手に「無から」ex nihilo想像しているというのではなく、「想像的なもの」が、しかし確固として存在しているということ。

だが、実在の世界とは異なって、その「存在」は誰に対しても同じように知覚され、認識されるのではなく、——まさに夢のように——特定の、特異な主体に対してのみ開示される。それ故に、あらゆる宗教は、基本的に、ある特定の主体を通して顕現した神秘的世界を元にして構築されることになる。

しかし、だからといって、この次元が、少数の個人にだけ開かれているわけではなく、毎晩、夢をみるのと同じく、誰もが想像的な世界へと通じている。いや、じつは私という主体そのものが本質的に想像的なものであり、それは実の世界と虚の世界とに共属している。

たとえば夢は私が意識的に「想像する」世界ではないにもかかわらず、それは私にやって来る。とすれば、私の死後に、そのように開かれるもう一つ別の世界に私の存在が入っていくことを私は信じることができないわけではない。

虚在は実在に対応している。実在の世界においては、なによりも「法則」によって規定され、「量」によって正確に測定される力が支配していた。では、この虚在の世界では、なにが基本的な構成要素なのか？ そう問うてはみるものの、もちろんわたしにははっきりとはわからない。それでもなんらかの指標を投げ出しておくことにするなら、それは、われわれの実存の根源的な倫理性にかかわるものであるように思われる。


実際、あらゆる宗教を通じて、この神秘的な世界に託されていたのは、「救い」でした。この苦に満ちた実存からの「救い」。「存在」からの救出です。

そしてそのためには、すべてが力によって規定され決定される現実の実在世界を超越する「法」があるのでなければならない。そして、宗教とは――それが「原罪」という実存的意味と対になった終末論的「裁き」であれ、佛の「慈悲」による「救い」であれ——究極的には、「実」の時間に徹底して拘束されている実存的存在に対して、「(実)時間」を超えた超越的な「法」があることを、想像的な論理を通して、語り説くものであったのではないでしょうか。
「存在は(実)時間を超えていく」——そこにこそ、存在論の核心である「存在と時間」があるとわたしは考えます。

Ⅳ．虚存(アニミズム＝トーテミズム、スピリチュアリズム、狂気、魔術)

その虚在という想像的世界にまたさまざまな虚存、すなわち想像的、超現実的なエージェント(行為者)がいる、一言で言えばそういうことになる。

「実」ではない、この「虚」の、ということは一般的には不可視の invisible、しかしあたかも人間的主体と同じように「意」なり「欲」なり「願」なりをもった存在。

デスコラは、アニミズムの定義として「人間が、非人間に自分と同一の内面性を繰り入れているという特徴」と述べているが、そのように人間の実存のうちに見出される心的エネルギーと同じか、あるいは似通ったエネルギーをもつエージェントと言ってもいいかもしれない。このようなエージェントはそれぞれの文化に多種多様に繰り込まれている。

それは、デスコラが挙げているニューギニアのオロカイバにおける「野ブタが人間の形態をとって人間の娘と婚姻する」というような特殊な事例だけではなく、あらゆる超現実的な存在者のイメージにも適用可能であるとわたしは思います。

すなわち、限界づけられた形姿（フィギュール）のもとに喚起される神的存在、あるいは天使、聖霊、仏、菩薩、明神、鬼神、妖精、妖怪、悪魔、天狗、龍、……もちろん、座敷童子でも、河童でも、オオカミの「主」でも……さらには幽霊でも、憑依霊でも……そして当然だが、私自身の霊魂までもこのセリーに加えることができる。この次元をもたない人間文化など一つもない。

進歩し続ける科学技術がどれほど世界を改変するのだとしても、この魔術的次元は消え去るどころか、むしろ文字通り「アニメーション」に代表されるような大衆的なメディアを通じてますます興隆を迎えている。

思い出しておかなければならないが、実在に根拠を置く近代の科学が勃興したニュートン＝ライプニッツ断層線の前後の時代、西欧において大きな規模でいわゆる

「魔女狩り」が行なわれたこと。

つまり、理性的・科学的な世界観と魔術的・秘教的な世界観のあいだには（一方的な）激しい対立があったのでもあるが、同時に、その後も両者は密かに相補的な関係を維持してきたのでもある。いまこそ、両者を統合する新しい歴史が見出されなければならないのではないだろうか、とわたしは考えるのです。

実際、20世紀の、文字通り「超現実」を謳ったシュールレアリスムを経由しつつ、いまでは、情報テクノロジーの驚くべき進化によって、むしろ芸術を介して「魔術」と「技術」とが融合的に橋渡しされる状況へと進んできているのではないか。

手にもった小さなスクリーンの画面をのぞきこむと、そこには異形の姿をした超現実的な存在者《アバター》がまるで取り憑くように私に語りかけてくるのは、もはやわれわれの日常の光景ではないでしょうか。

われわれの世界は日々、ますます魔術的になっている。ヴァーチャル・リアリティからメタバースまで、（「永遠性」の対極にある）「いま、ここ」という実存にとっての至高の時空が――説明することのできない、見えない経路を通って（Wi-Fiあるいはインターネットがどのように機能しているのか、正確に説明できる人がいったい何人いるだろう？）――まったく異なる時空と接続する。

接続した時空から私に語りかけてくるエージェントあるいはアバター、それが「本物」なのか「偽物」なのか、私には判断ができない。
そのとき私は、正確に、かつての魔女たち、シャーマンたち、幻視者たち、ヴィジョン透視者たち、神秘家たち、各宗教の先駆者たち、……（いや、さらには「狂人」として社会から疎外隔離された者たちも含めなければならない）……そのように私の主体性から発してではなく、「他」からの、しかもその到来の「経路」を理性的に辿りなおすことができない一方向的な強力で圧倒的な「イメージ」を受信した者たちと正確に同じ位相にいるのです。

こうして、ハミルトンの四元数をベースにし、デスコラの人間文化の四類型を受けつつ、とりあえず日本語の「実」「虚」「在」「存」という四つの文字を組み合わせることで得られる、「存在」の四元マトリックスの要点を記してみました。

もちろん、これは指標的なものにすぎず、まったく別のコンプレックスな、つまり複素数的であり、複合的であり、複雑系的であるマトリックスを構築することもできるし、また、それに応じて別の対応関係を設定することもできるでしょう。実際、このマトリックスが、第2章で触れた精神分析の理論家であるラカンの図式Lにも重なってくることは明らかです。その図式は、まさに欲望によって組織される人間の実存の「無意識」の根本構造を描こうとするもので、しかも、それは「想像界」、「象徴界」（意味）、「現実界」といういわば三つの虚の次元から成り立っていた。が、同時に、それは「四」の次元をもつ四辺形の構造を成していたわけです。

なぜなら、「私」aと「私＝他者」a'とのあいだに想像的な、イメージ的な「対」関係が導入されたからです。そして「エス」Sとこの「私」a、「私＝他者」a'という実存的主体を構成する三項関係が、「大他者」Aと対偶的に向かい合う関係にセットされることで四元の構造になったと考えることができます。

その「大他者」Aの次元は――デスコラの四類型に対応させるなら「トーテミズム」に――それは、まさに人間という種族の「主」として一神教的な大文字の「神」が設定されたものであるようにわたしには考えられる。わたしは、そこに大文字の「大他者」の次元を設定するのではなく、実在の世界に対応する「神秘」の世界そのものの次元を確保したいと思っているのです。

デスコラの四類型を受けて、セールは「作家、学者、哲学者は世界を旅する」と言いました（ここでも「人間」の三類型が言及されていますので、「3＋1」の構造です）。それを受けて、わたしは、ここで、

科学者＝技術者
哲学者＝芸術家
宇宙秩序《コスモス》＝天の住人
魔女（シャーマン）＝狂人
**　は世界を旅する**

と言いたい。

そして、それを通じて、私とはこれらすべてである！　という存在論的パースペクティヴを得ようとしているのです。

これは、ほんとうに端緒にすぎません。当然ですが、ここで論じたただ一つの次元を踏査するだけで無限の探求が必要です。なにしろ、ここで問題となっているのは、人間と世界との関係を、その全歴史をカヴァーしうる形で総合的に展望する視座を得ようという本質的に無謀な試みだからです。

いや、そのような視座が確固として得られたと、わたし自身が思っているわけではない。ここでわたしは、ただ、そのような大それた統合の試みへのささやかなヒントを探ってみたかっただけです。そのヒントのために、ハミルトンの四元数という数学とデスコラの四類型という文化人類学の総括とのあいだに、四元的存在論という「橋」をかけようとしたのです。

いや、丸木橋にすらなっていない、とても渡れないかもしれない。それでも少なくとも、われわれ人間の「存在」という恐ろしい深淵の上に――いつか渡れる「橋」がかかることを夢みつつ――それでも一本の「糸」を張り渡してみようとしたのです。

一本の糸にすぎないにしても、谷を渡って風が吹けば、糸は揺れて波立つ。その波動が世界へと拡がっていきます。

そして、その波動は

私という「存在」は一個の「神秘」である

と歌うのです。

終章

コーダ、〈幹〉ではなく

前章末のフレーズ「その波動は私という『存在』は一個の『神秘』であると歌う」と書きつけて、わたしとしては、なんとか、今回の「森」のなかの彷徨にひとつの区切りをつけられた思いがします。とりあえず、今回のフリー・ジャズ的なさまよえる思考の歩みに休止符をうつことができる、と。

何度か繰り返していますが、このテクストは、緻密に構成されたシンフォニーのように書かれているのではなく、その度ごとに「書く」という行為＝実践に引っ張られるように浮上する断片的な思考を縒《よ》って、束ねて、編んでいくという仕方で書かれています。すなわち、実証的な事実を積み重ねてていねいに解説するというスタンスではなく、「存在とは何か」という暗く奥深い、厄介な「森」のなかを、わたし自身が、無鉄砲に、ただ歩こうとしたパフォーマンスを、そのまま書くことになりました。それぞれのフレーズの意味の正当性を厳密に明証的に構成して、論文として「作品」化していくのではなく、手当たり次第、使えるものを使って、なんとしても前へ「一歩」を進めていくということ。そのために、わたし自身がよくわかっていないにもかかわらず、量子力学の波動方程式や数学の四元数などを「使って」みようとしたわけです。それがうまくいったのか、無惨な失敗に終わったのか、それは、もちろん、読者の判断に委ねられています。この「ジャズ」がよかったのか、よくなかったのか、わたしには言うことができない。

しかし、とりあえず、奥深い「森」のなかの――これはハイデガーの存在論の重要なトポスですが――小さな「林間地」（「開け」）に辿り着けたところで、これまでの歩みを振り返っておくことも、読者のためにだけではなく、わたし自身にとっても、意味があるかもしれない。そう考えて、ここに短いコーダを付け加えることにします。

＊

さて、とりあえずの休止符の地点から振り返って、わたしがわたし自身のこの彷徨が何であったか、と総括的に言うとするならば、それは「存在に次元を与え返すこと」であったと言いたい。つまり、われわれの存在が、それぞれまったく異なった複数の次元、ただ多数というのではなく、正確に四つの次元に関与するものとして考えられるのではないか、という哲学的な提案を行なうこと。そして、そうした次元性の根拠を――人間としての経験に基づいた意味においてではなく――四元数という純粋に数学的な形式に求めること。そうすることで、もっぱら自然言語に依拠してきた哲学的言説と、この間に驚くべき展開を遂げてきた自然科学、とりわけ物理学のひとつの先端とを橋渡しすることを試みること。

それは、わたしの哲学的思考の土壌とも言うべき「実存の哲学」の——歴史的に明らかになった——ある種の限界を、拡張的に、すなわち一言で言えば「超実存」の方向に乗り越えようとする試みであったのです。言い換えれば、実存というコンセプトが開いた地平の豊かさを維持しつつ、その限界から一歩先へ進むこと。その「一歩先」こそ、このテクストのなかで「神秘的」あるいは「神的」と言われているモノ（コト）なのです。

「存在は一個の神秘である」——だが、この言明は、けっしてこの「神秘」が、いわゆる「宗教的なもの」あるいは「信仰」を通してのみ近づけるなどということを主張していません。そうではなくて、われわれのそれぞれの「存在」は、それだけで、信仰の有無に関係なく、神秘的であると言っているのです。しかも、あえて強調しておきますが、この「神秘的であること」は、それだけでは、いかなる善悪の判断も内包していません。それは「善悪の彼岸」です。少なくとも本テクストの段階においては、いかなる倫理的な判断基準も導入されてはいない。そして、だからこそ、あらゆる「善悪の判断」の手前にあるとも言うべき数学が導入されなければならなかったのです。それが意味という暴力を回避するただひとつの方法であるように、わたしには思われていたのでした。

だが、それだけでは、「存在」に四元数を適用したというだけで終わってしまいます。哲学である以上、どうしてもそこになんらかの人間的な、文化的な意味を与え返す必要があります。この課題に、——正直に言って——わたしは長い間、応えることができませんでした。その停滞を突破することを可能にしてくれたのが、デスコラ＝セールの文化人類学的四類型だったのです。古代から続く人間文化を四つの類型に統合するというパースペクティブは、そのまま存在の四元的神秘性と通底しているのではないか、と直観しました。そして、四元数という複素数的な、つまりコンプレックスな次元と文化人類学的な文化構成の基本的四次元のあいだを、「存在とは何か」という一本の丸太橋でつないでみようとしたのです。

そして、そのときに、われわれの日本語では、複素数が「実数＋虚数」と言われるのを応用して、実存に対して「虚存」、「実在」に対して「虚在」というネオロジズムを導入しました。「実—虚」と「存—在」の x のようにクロスするマトリックス（行列）です。これは、わたしの、まさに「ジャズ」的な遊びであり、play（プレイ）です。だが、いま、この「遊び」を振り返りつつ、わたしは自分に対して次のように問いかけないわけにはいかない——「では、君は、海外の友人たちに、これらの語をどう翻訳して伝えるのか？」と。この問いに対する、わたしのとりあえずの反応は、現時点では、次のようです。

実存 ↓ existence
虚存 ↓ inexistence
実在 ↓ real being
虚在 ↓ non-real being

そして、このマトリックスの全体を、超実存 surexistence と呼ぶこともできるかもしれません。

*

「森」のなかの漂流的彷徨の最終段階で、わたしが道連れとして選んだのが、『作家、学者、哲学者は世界を旅する』のミッシェル・セールでした。彼もまたすでに述べたように、そこでデスコラの四類型を使って四元論を展開しています。そして、その本の終章を、彼は「私は夢を見たのだろうか?」とはじめていました。それに続けて、彼は書いています――「西洋のある種の作家、学者、哲学者たちが体現していたのは、羽根で飾られた人々や、森林の狩人と見紛うほどの異端的(エキゾチック)なヴィジョンや宗教であった。彼らが採り続けた態度は、アルルカンの上着の色同然にばらばらだが、それでもそれらを寄せ集め、色を重ねるようにして、ついにはピエロの衣裳を白く照らす光を構成することができるだろうか？ この本の序章では、現実的でも潜在的でもあるやり方で、他の細胞の総体（somme）を――神経や、血液や、骨といったものを――含んでいる幹細胞について語っていた。私は改めて、この総体を哲学に導入することを夢想したいのだ」と。

四つの異なる次元を、アルルカンの衣裳の異なった色に重ね合わせた上で、全体を「白く照らす光」へともっていくセールのレトリカルなplayのうまさには「とてもかなわない」と脱帽なのですが、彼はこの直後に、この「総体（somme）」というコンセプト――それは英語なら「幹細胞」stem cellと言うときのstemにあたります――を、なんとカトリシズムへと結びつける。つまり、「カトリック」こそ、「ギリシア語で総体性を意味するものである」と言いながら、彼自身がその土壌のなかで育った〈幹〉（souche）であるカトリック的なるものに、あらたな意味を与えようとするのです。かれは、そこに、「幹―形而上学」の可能性を見出そうとし、本の末尾で、〈幹〉に変じた聖アントワーヌにみずからを重ねて、「われ思う（コギト）、ゆえに私は一人の聖アントワーヌである」と言明して終わっています。

わたし自身の彷徨である本書において、わたしが選んだ唯一の道連れがセールでした。とすれば――わたしにとっては「友情」の印なのですが――彼とわたしとのズレを表明しておかないわけにはいかない。そして、そうすることで、わたし自身の立場がよりいっそうはっきりするのでは、と思うのです。

すなわち、セールが、「総体」という〈幹〉へと辿り着いたところで、わたしのほうは、「林間地」という「開け」、まさになにもない「ゼロ地点」――しかし、「実」と「虚」がクロスする「ゼロ」なのですが――に、一瞬、立ち止まると言いたい。ここには〈幹〉はない。ここには「カトリック」はない。いや、セールがみずからの実存を省みて、それを聖アントワーヌに重ねることを批判しているのではない。わたしもまた、わたしの属する文化から、たとえば禅の問答を拾ってきたりしています。しかし、わたしにとっての問題はむしろ、基本的には、カトリック的キリスト教、アニミスム的ギリシア・ローマ文化、トーテミスム的ユダヤ教等々という「西欧」の歴史のなかから生まれてきた「ナチュラリスト―アナロジスト」の近代的な実存形式をぶち破って、それをそのような歴史的な拘束性を超えた普遍性の方へと開きたいのです。

それゆえ、わたしは、ミッシェルにこう言おうと思います、「あなたは、ここに及んでも、まだ〈われ思う（コギト）〉と言うのか！　われわれが行なった四元的な超形而上学（メタ・メタフィジック）とは、まさにわれわれのモデルニテ（近代性）の格律であった「コギト」なるものを超えて「われあり」と言うためではなかったのか！」と。

われあり、ゆえにわたしは私が誰であるかはわからない。

あとがき

「存在とは何か」、このタイトルのもとに本を一冊書くことになるとは思ってもみなかった。

だが、PHP研究所の編集者の堀井紀公子さんから「この問いをテーマにして書かないか?」と呼びかけられたときに、――少々「劇(ドラマ)」化して言うならば――これは、「わたしの存在」からの呼びかけではないか、と感じました。

つまり、わたしは、この問いに答えなければならない。もとより、それは「正解」ではないし、いや、本論でも何度も言っているように、この問いに「正解」などないのだが、しかしそれでも、いや、それだからこそ、いま、わたしがどう答えるか、をわたし自身に明らかにしなければならないのではないか。

いま、いま――それが決定的です。

ひとつには、わたしは今年73歳になった。長いあいだ、大学という場に足を置いて、しかし専門的な研究というよりは、哲学、芸術、文学などの幅広い領域を横断するように多様な、言葉のもっとも本質的な意味でcritical（批評＝危機的）なテクストを書いてきました。そこで問題となっていたのは、つねに、ひとりの個人の「存在」の特異性を抉《えぐ》り出すこと。すなわち、わたしは、その度ごとに、前提となる知識に頼ることなく、――詩人、画家、作家、哲学者、写真家、建築家、科学者、作曲家、デザイナー……等々という――それぞれ途方もなく特異な一個の「存在」に問いかけることをしてきた。その人の人生の全体を、事実として調べ上げることには、わたしはまったく興味を抱かなかった。そうではなくて、わたしはただ、その人の「存在が何であるか」だけを問おうとしてきたのです。

わたしのそうしたエクリチュール（書くこと）の出発点とも言うべき、１９７５年に東京大学大学院・比較文学比較文化学科に提出した修士論文は、フランスの詩人ボードレールについてのもので、タイトルは「存在の冒険――ボードレールの詩学」でした。それは、わたしにとっては、「実存」という存在のあり方のもっとも激しい事例のひとつであったボードレールの詩を、ただただ「存在の冒険」という視点から読み解こうとした論でした。実際、その冒頭は「これは、ボードレールの詩および詩人としての彼の営為を、〈存在〉という観点から読もうとする試論である」という一文からはじまっており、最後は次のように締めくくられているのでした。

「ボードレールは、単に憂愁と化した己の病める存在を引き受けるだけではなく、それをそのまま愛することによって引き受ける。都市への愛と重ね合わされたこの存在への愛こそが、ボードレールの詩の冒険の最後の到達点なのだとわれわれは言うことができるだろう。存在への問い、あるいは存在からの超越によってはじめられた冒険が、存在への愛によって終えられる。言うまでもなく、この愛は、決して幸福な愛というものではない。それは、むしろ不幸への愛ですらあるだろう。だが、この愛の前では、幸福とか不幸とかの言葉は、もはや色褪せていないだろうか。（……）存在への愛、それは決して救済も、幸福も、希望も約束しはしない。だが、それでも、この愛には詩人の心を『満ち足ら』せるだけのものがあるのであり、またそれがなければ、詩人というひび割れた鐘は、『鳴り響くシンバルにすぎない』のである。この愛こそが、乏しき時代における、まさにただひとつの地上の愛 charitéなのであり、そして、それこそが、ボードレールのすべての詩が湛《たた》えているあの限りのない『優しさ』の源なのである。苦悩 douleur と優しさ douceur と――こうして、ボードレールの詩は、『人間』というもの紛れもない痕跡であり、その存在の絶えざる『傷』の光を発し続けているのである（cf.註3）」。

「決して救済も、幸福も、希望も約束しはしない存在への愛」――これこそ、いま、振り返って思うのですが、その後、およそ半世紀にわたって細々と続いてきたわたしのエクリチュールを貫く「指示記号」であった。わたしは、その人だけに固有の「存在」の特異性を「創造の光」に変えるという苛酷な生を生きた人たちの「存在」から立ち昇る「詩」を、味わいたかった、摑まえたかった、分ちあいたかった。「詩」とは、わたしにとっては――「私」の思いなどではなくて――ただただ「存在」の歌です。

それぞれ異なる「存在」が歌う特異な「詩」――それを摑み出して、耳を傾ける、そのためにこそ、わたしは書くことを続けてきたのです。

もうひとつ例を挙げてみましょうか。

わたしが書いた本のなかで、タイトルに「存在」という言葉が含まれるもうひとつの本『存在のカタストロフィー』（未來社、２０１２年）。これは、わたしが、ＵＴＣＰ（東京大学国際哲学教育研究センター）の拠点リーダーとして海外の哲学研究者たちと研究交流を行なったドキュメント的な論考の二冊目（一冊目は『歴史のディコンストラクション』、未來社、２０１０年）ですが、２０１１年の東日本大震災という強烈なインパクトの下で、この時代における「哲学」のあり方を模索する苦闘の記録であり、そこでは、「存在」そのものの本質的なカタストロフィー性が密かに問われていました。

実際、その第Ⅶ章は「災厄としての存在」と題されています。そこでは、ラカンがギリシア悲劇の主人公を論じた「アンティゴネー論」を取り上げて、「存在」が本質的に一個の「災厄」であることを、ソポクレースのギリシア語原文に登場する「Atē」（災厄）という言葉を手繰り寄せつつ論じました。

本書でも参照したラカンの理論が問題となっているわけで、論の運びは錯綜しているのでここで全貌を提示することはできませんが、最後のわたしなりの結論を引用するなら、それは次のようでした。

「そうかもしれない。アンティゴネーはひとりで〈婚礼〉へと赴く。一族の罪の起源である〈母の子宮〉へと降りて行く。父親オイディプスが、その父の死を見えない影のように抱えたまま〈婚礼〉を行ったのと反転的に同様に、兄ポリュネイケスの見えすぎる遺骸を背負って孤独な〈婚礼〉を行なうのだ。だが、この石の〈子宮〉である空洞からは、もうけっして子孫が生まれることはない。子の養育も許されない。アンティゴネーは、存在の分有というたったひとつの義務ゆえに、これらすべてを断念する。そしてこの断念こそ、一方で余すところなきAtē〈災厄〉の成就でありながら、しかし同時に、他方では、〈死の衝動〉に完全に引き渡されるわけではない〈人間の意味〉を、つまりは〈愛〉というものを、——コロナのように——光り輝かせているのではあるまいか。」

いま、こうして引用すると、その最後に「コロナのように」という言葉が書かれているのに胸が締め付けられるような思いがしますが、ここでも、わたしは、ギリシア悲劇の主人公であるアンティゴネーの「劇」のうちに、〈災厄〉としてあるみずからの「存在」を引き受ける〈人間の意味〉としての〈愛〉を読み取ろうとしているのでした。

このように、わたしにとっては、「存在」とは、一般的な、あるいは普遍的な形式において論じ語るものであるよりは、なによりも、それぞれの人間の特異性がはっきりと立ち現れる個別の「劇」――ナラティブなどに還元されえない運命的な「詩」――の特異点を摑み取り、それに共感することでしか、接近できないものだったのです。

「存在」とは、ひとりひとりまったく異なる「運命」を課してくるものであり、それを受けとめ、引き受け、「愛する」ことにこそ、〈自由〉という〈人間の意味〉が「詩」として立ち昇る。それが、長い間、わたしのポジションだった。

つまり、「存在」にとって決定的なことは、それが他者によって置き換え不能であること。それぞれ異なる「私の存在」が問題なのであって、「存在一般」についていくら語っても、「存在」の恐ろしいような激しさ furor！ には届かない。そして、その根源的な恐ろしさに触れないのなら、それについて論じることにどんな意味があるのか！

そこに、突然、「存在とは何か」という問いが降ってきました。「存在とは何か？ 答えなさい！」

　すなわち、ある特定の特異な人の「存在」ではなく、より一般的に、より普遍的に「存在とは何か」――すなわち、個人に即して批評＝危機的にではなく、より一般的に「存在とは何か」。もしわたしが、これまでさまざまな特異な個人の「存在の冒険」に随伴しようとしてきたのだとしたら、そこで得られた知見を踏まえて、いま、この問いにどう答えるのか、挑戦してみるべきではないか、そう感じました。一度は、個人の特異性を離れて、いわば哲学的に、この問いに向かい合ってみなければならないのではないか。そう考えるのには、もうひとつのいまの切迫がありました。

　どういうことか？

　それは、いわゆる「哲学」の言語が決定的に遅れてしまった、という思いです。自然言語をベースにした哲学的言説は、20世紀に自然科学の領域で起こった知の変革に完全に遅れをとっているのではないか、ということ。本書でも略述しているように、実存という存在のあり方を軸にして展開してきた哲学的な言説が、人文科学と自然科学の境界領域からもたらされた構造主義的な視点に衝撃を受けて、それを受けとめつつ乗り越える方向を模索してきたのだとしても、しかしこの間の、とりわけ物理学を中心とした自然科学的世界観の変革をほとんど受けとめきれていないのではないか。それを受けとめるためには、哲学の旧来の論理をディコンストラクション（脱構築）するだけではだめで、いまや、自然科学が切り開いた知見も取り込みつつ統合的なリコンストラクション（再構築）を考えるべきではないか――そうした思いが、世紀が変わる時点あたりから、わたしのなかで強くなってきた。

だが、いったいどうしたらいいのか。

量子力学が展開した「波」と「粒子」の二重存在論は、きわめて魅力的であると感じられるのだが、それをどのように、いわゆる哲学的な言説に落としこむことができるのか。シュレーディンガー方程式すらまともに理解できない「文系頭脳」に、はたして量子的存在論を構想することができるのだろうか。暇をみつけてはいくらかの参考図書や解説書などを読んでみたりはするが、わたしがなにかを言えるという自信は湧いてこない。確固たる基盤が自分にはないという思いのほうが強かったのです。

そのときに、どのようにしてそれと出会ったのか、いまでは思い出せないのですが、ハミルトンの四元数を知った。そして、複素数の「虚」の次元の拡張に強い衝撃を受けた。なぜかわからないが、ここには、存在論の拡張のための「鍵」があると直観したのです。

それ故、2015年春、東京大学を定年退職するときの「最終講義」において、わたしは、残りの人生で、四元数を用いて存在論の拡張を試みることを宣言しました。だが、純粋に数学的な次元構造を「存在」に応用することは簡単ではない。どうしたら数理的な次元と自然言語的な「意味」の次元のあいだに「橋」をかけることができるのか、進展はなかった。その停滞を揺り動かしてくれたのが、文化人類学から出発して、同じような四元的存在論を、のびやかにエレガントに展開しているミシェル・セールの晩年の書『作家、学者、哲学者は世界を旅する』だったのです。

そこには、きわめてエコノミックな仕方で、「人類」の文化の統合的な地平が広げられていた。さらに、「作家」であり、「学者」であり、「哲学者」であるセール自身の「実存」までもが、そこには、重ね合わされるように投影されていた。

それは、わたしにとっては、まさに——先日、逝去なさった作家の大江健三郎さんが繰り返し言っていた——(エドワード・サイードが言った)「晩年様式(レイト・スタイル)」の書だと感じられました。

そうか、哲学もまた、このようにlate styleを起動することができる。このように、「私」の「実存」を、「人間的意味」には還元できない、数理的でもあるような一般的な形式の地平へと拡張的に繰り込むことができる。とすれば、わたしもまた、わたしなりのlate styleのテクストを書くことができるのではないか。そう思いはじめていたタイミングで、「外」から「存在とは何か」という問いが降ってきたのです。

この問いに答えなければならない。

この問いにわたしが、いま、どう向かい合うか——それだけを一気に、率直に、答えてみようとしなければならない。

これが、本書を書いたわたしの「態度」です。

だから、いわゆる学術書としては乱暴に走っています。そこで言及されている事項について、ひとつひとつていねいな説明を広げることなく、全体的な見取り図を素早くスケッチするように走り抜けている。精妙なディテールの描写を積み重ねるのではなく、荒いタッチを重ねることで「存在」という「山脈」の次元的な輪郭だけを浮かびあがらせようとしている。

それは、わたしの勝手な思いのなかでは、サント・ヴィクトワール山を描いたあのセザンヌのスタイルに通じていくものでもありました。セザンヌは、彼自身がプランplanと呼ぶ小さな色面を、彼にしかわからない感覚sensationに従って、カンヴァスのあちこちに配置した。それぞれのプランは山の部分の形に対応しているのではなく、いわば山を見る彼の眼差しの波動を翻訳しているので、いくつかのプランがまるで音階のように働いて、そのたびごとに異なる「音楽」が立ち昇る……いや、わたしにはとうていセザンヌの技量はないので、読者には、わかりにくいところも多々あるのでは、と思わないではないが、これ以外の仕方では、書くことはできませんでした。

わたしとしては、ともかく、（本書で展開した概念を使うなら）「実在」の言語である数学の構造を借りることで、われわれの「実存」の「虚」の次元への拡張を行ない、それを通じて、これまでの人類の文化の全体を、存在論的に統合する最初の一歩を踏み出そうとしたのです。

これは、ほんとうに「最初の一歩」にすぎません。すでに述べているように、わたしにとっては、「存在」はまた「災厄」でもあります。そしてそれぞれ異なる、特異な「災厄」――それを「運命」と言ってもいいかもしれませんが――を、しかし「愛する」。そのような――ニーチェの言葉ですが――「運命愛」amor fati の根拠を明らかにする方向に、さらに彷徨を続けていかなければならないと考えています。

この本が生まれ、存在することを可能にしてくださった方々に、心よりの感謝を差し出します。

2023年5月9日

小林　康夫

註1　これについては、Wikipedia日本語版（「なぜ何もないのではなく、何かがあるのか」）が詳細な関連データを整理して挙げてくれています。

註2　ヴィトゲンシュタイン『論理哲学論考』（１９２１年）の最後の命題「七　語りえぬものについては、沈黙せねばならない」を参照のこと。「一　世界は成立していることがらの総体である」という冒頭の命題からはじまって、この最後の命題に至る彼の（初期の）哲学の歩みは、この「語りえぬもの」の前でストップするという「態度」を示すことで、かえって世界がどれほど本質的に「語りえぬもの」であるかを言い切ったものでもあったのです。

註3　この修士論文は、提出から46年後、単行本『存在の冒険』として水声社より出版されました。ついでに言うなら、フランス語で書いた卒業論文は画家のマネについてでしたので、19世紀後半のパリの文化の研究がわたしの出発点でした。それは、まさに華やかに実存が開花した時代でした。

註4　これについては、わたしは拙著『君自身の哲学へ』（大和書房、２０１５年）のなかで「迎容」という概念を通して論じました。

註5　なお、この言葉は、医療の分野では１９８０年のＤＳＭ-Ⅲで廃止され、ほかの言葉に置き換えられるようになったが、ここでは旧来の用語を踏襲します。

註6　ラカンの図式Lについては膨大な文献があるが、ここでは、ラカン『エクリ』（１９６６年）の冒頭の論文「〈盗まれた手紙〉についてのゼミナール」所収のものに従う（Jacques Lacan, *Écrits*, ied. Du Seuil / 1966, Paris, p.53）

註7　これは、わたし自身の「暗語／隠語」jargonということになりますが、だからこそ実存の劇（ドラマ）

は、わたしにとって、つねに「オペラ」として展開することになったのです。拙著『オペラ戦後文化論Ⅰ　肉体の暗き運命１９４５―１９７０』（未來社、２０１６年）、『オペラ戦後文化論Ⅱ　日常非常、迷宮の時代』（未來社、２０２０年）参照のこと。

註8　ジャン＝ポール・サルトル『存在と無』第一部「無の問題」第二章「自己欺瞞」より（人文書院版全集・第一分冊、松浪信三郎訳、２０２頁）

註9　もちろん、『無門関』における、「如何なるか是れ祖師西来意」に対して趙州和尚が「庭前の柏樹子」と応えた禅問答を踏まえています。

註10　ジョン・グリビン『シュレーディンガーと量子革命』松浦俊輔 訳、青土社、２０１３年、２６２頁

註11　この「パルス」についてのヒントは、竹内淳『高校数学でわかるシュレーディンガー方程式』、講談社、２００５年に負うところが大きい。

註12　フィリップ・デスコラ『自然と文化を越えて』、小林徹訳、水声社、２０２０年

註13　ミッシェル・セール『作家、学者、哲学者は世界を旅する』、清水高志訳、水声社、２０１６年。なお、セールは、「アニミスト」、「トーテミスト」、「アナロジスト」と言いながら、「ナチュラリスト」は使わずに「ナチュラリズム」と言っていることに注意しておきたい。

ブックデザイン　山之口正和＋齋藤友貴（ＯＫＩＫＡＴＡ）
装画　まめも／ＰＩＸＴＡ（ピクスタ）

〈著者略歴〉

小林康夫（こばやし やすお）

東京大学名誉教授。専門は、現代哲学、表象文化論。

1950年、東京生まれ。東京大学大学院人文科学研究科（比較文学比較文化）博士課程単位所得退学、1981年、パリ第10大学にて博士号取得（テクスト記号学）。2002年から2015年までUTCP（University of Tokyo Center for Philosophy）の拠点リーダーをつとめた。

著書に『表象の光学』（未來社）、『君自身の哲学へ』（大和書房）、『《人間》への過激な問いかけ』『死の秘密、《希望》の火』（以上、水声社）、『若い人のための10冊の本』（ちくまプリマー新書）、『絵画の冒険』（東京大学出版会）、『こころのアポリア』（羽鳥書店）、『起源と根源』（未來社）など多数。編著に『知の技法』『知の論理』『知のモラル』（以上、東京大学出版会）など多数。また、ジャン=フランソワ・リオタール『ポストモダンの条件』（水声社）、マグリット・デュラス『緑の眼』（河出書房新社）、『フーコー・コレクション』全7巻（筑摩書房、共編）などの翻訳書も多数ある。

存在とは何か

〈私〉という神秘

2023年6月29日　第1版第1刷発行

著　者　小林康夫
発行者　永田貴之
発行所　株式会社PHP研究所

東京本部　〒135-8137　江東区豊洲5-6-52
ビジネス・教養出版部　☎03-3520-9615（編集）
普及部　☎03-3520-9630（販売）
京都本部　〒601-8411　京都市南区西九条北ノ内町11
PHP INTERFACE　https://www.php.co.jp/

組　版　宇梶勇気
印刷所
製本所　大日本印刷株式会社

ISBN 978-4-569-85484-7